フランス語で読む
12のおとぎ話

～眠れる森の美女・雪の男の子 他～

滝田 りら

NHK出版

はじめに

　むかし聞いたり、読んだりした物語を後になって思い返そうとすると、ところどころ忘れていたり、別の物語と混同していたり、記憶の曖昧さを実感することがあります。仮に憶えていても、原語で改めて読んでみると、馴染みのある物語が新鮮に感じられることがあるのではないでしょうか？

　本書は、『フランス語で読む５つの物語〜美女と野獣・青ひげ 他〜』に続き、フランス語とフランス昔話の世界に親しむための独習本としてまとめたものです。

　前半は、妖精物語が好まれていた 17 世紀の宮廷や社交のサロンで、大変な評判を得ていたシャルル・ペローの作品と、18 世紀の新しい読者層である少年少女を対象に児童文学を書き続けたボーモン夫人のおとぎ話を紹介しています。

　後半には、19 世紀の民俗学者や作家によって採取された民間伝承を収載しました。詩人ジェラール・ド・ネルヴァルが少年時代に耳にした思い出の物語や、エマニュエル・コスカン、ポール・セビヨをはじめとする民俗学者、作家たちがフランス各地で記録し、忠実に書きとめた昔話をまとめました。素朴なフランスの原風景を伝え、人々の日常、夢や理想、欲望、風刺などが込められた口承文学の魅力を味わっていただけることでしょう。

本書では、よく知られているおとぎ話に加えて、魔法民話、動物民話、宗教民話、笑い話など、フランス昔話の特徴を知るうえで興味深い話を精選しました。描かれた時代や物語の長さ、難易度がそれぞれ異なる12話は、フランス語入門レベルを習得された読者のみなさんに読みやすいように、簡素な表現や言い回しを用いて、現代風の語り口に書き換えました。

なお、原文の魅力を損なわないよう、そして懐かしい昔話の面影が伝わるように、いくつかの古語はそのまま残しました。『赤ずきんちゃん』に繰り返し出てくる有名な台詞 « Tire la chevillette, la bobinette cherra. » はその一例です。なるべく辞書を使わずに、各ページの語注（Notes）を参考に文脈から内容を読み取って、フランス昔話の世界に浸ってみてください。

また、かつてペローがサロンで朗読披露したように、ボーモン夫人が子供たちに話し聞かせたように、人々が夜なべや仕事の合い間の気晴らしにおしゃべりしていたように、自ら語り手になって、ぜひ声に出して「語り」の醍醐味を味わってみてください。

Bienvenue dans le monde merveilleux
des contes français !
フランスおとぎ話の世界へようこそ！

滝田　りら

Table des matières
目次

はじめに 2
参考文献 6

ペロー／ボーモン夫人の物語編

Le Petit Chaperon rouge 8
赤ずきんちゃん

La Belle au bois dormant 18
眠れる森の美女

Les Fées 42
妖精

Riquet à la houppe 52
巻き毛のリケ

Conte du pêcheur et du voyageur 74
漁師と旅人

Conte des trois souhaits 84
三つの願い

作者紹介と物語の背景 92

フランス各地の民話編

Les Trocs de Jean-Baptiste
おかしな物々交換
94

Le Renard et le Loup
ハチミツの洗礼
102

Le Petit garçon de neige
雪の男の子
110

La Petite fille dans un puits
井戸の中の女の子
118

Le Lièvre du pont du Gard
ガール橋の野ウサギ
126

La Reine des poissons
魚の女王
134

装丁・本文デザイン： 畑中 猛	校正： フローレンス・容子・シュードル
イラスト： 朝倉めぐみ	三田村さや香
	編集協力： 鈴木暁子

参考文献

赤ずきんちゃん、眠れる森の美女、妖精、巻き毛のリケ Annie Collognat et Marie-Charlotte Delmas, *Les contes de Perrault dans tous leurs états*, Paris, Éditions Omnibus, 2007, 1048 p.

漁師と旅人 Jeanne-Marie Leprince de Beaumont, *Le magasin des enfants, ou, Dialogues d'une sage gouvernante avec ses élèves ; tome 2*, Paris, Chez Billois, 1801, 432 p.

三つの願い Jeanne-Marie Leprince de Beaumont, *Le magasin des enfants, ou, Dialogues d'une sage gouvernante avec ses élèves ; tome 1*, Paris, Chez Billois, 1801, 375 p.

おかしな物々交換 Emmanuel Cosquin, *Contes populaires de Lorraine comparés avec les contes des autres provinces de France et des pays étrangers ; tome 1*, Paris, Éditions F. Vieweg, 1886, 376 p.

ハチミツの洗礼 Jean-François Bladé, *10 contes de loups*, Paris, Éditions Pocket, 1994, 76 p.

雪の男の子 Henry Carnoy, *Contes des provinces de France ; tome 2*, Romorantin, Éditions CPE, 2012, 160 p.

井戸の中の女の子 Paul Sébillot, *Contes populaires de la Haute-Bretagne. 1, Contes merveilleux*, Rennes, Éditions Terre de brume, 1998, 359 p.

ガール橋の野ウサギ Claude Seignolle (présenté par), *Le grand livre des contes populaires de France*, Paris, Éditions Omnibus, 2007, 1278 p.

魚の女王 Gérard de Nerval, *Sylvie ; suivie de Chansons & légendes du Valois*, Angers, Éditions Jacques-Petit, 1946, 141 p.

＊語注(Notes)の見出し語の動詞は原形を載せています。略語は次のとおりです：男＝男性名詞、女＝女性名詞、形＝形容詞、副＝副詞、間投＝間投詞、他動＝他動詞、自動＝自動詞、間他動＝間接他動詞、代動＝代名動詞、接＝接続詞、前＝前置詞

ペロー／ボーモン夫人の
物語編

絵本、映画、バレエなど、
どこかで読んだり見たりした
馴染み深いおとぎ話を紹介します。
よく知っていると思っているお話にも、
新鮮な驚きと発見があるかもしれません…。

Le Petit Chaperon rouge
d'après Charles Perrault

Il était une fois une petite fille qui était la plus jolie de toutes. Sa mère en était folle[1] et sa mère-grand[2] l'était encore plus. Celle-ci lui avait fait un petit chaperon[3] rouge qui lui allait si bien que tout le monde l'appelait le petit chaperon rouge.

Un jour, la mère prépara des galettes[4] et en confia[5] une à sa fille :

— On m'a dit que ta mère-grand était malade. Va voir comment elle se porte en lui portant cette galette et ce petit pot de beurre.

Le petit chaperon rouge prit la route pour se rendre chez sa mère-grand qui habitait un village de l'autre côté de la forêt.

赤ずきんちゃんは、おばあさんのお見舞いに行く途中、オオカミに出会います。無邪気な赤ずきんちゃんは遠回りの道を行き、狡猾なオオカミは近道を進んでおばあさんの家へと向かい…。
口承されていた物語をもとにした、ペローの代表作です。

赤ずきんちゃん
シャルル・ペローによる

　むかしあるところに、この上なくかわいいひとりの女の子がいました。お母さんはこの子をたいへんかわいがりました。おばあさんはそれ以上にかわいがり、女の子に小さな赤いずきんを作ってやりました。それがあまりにも似合っていたので、みんなは女の子のことを、赤ずきんちゃんと呼びました。

　ある日、赤ずきんちゃんのお母さんはガレットを作り、娘におつかいを頼みました。
　「おばあさんの具合が良くないらしいの。ガレットとこの小さなバター壺を持って様子を見に行ってちょうだい。」
　こうして赤ずきんちゃんは、森の向こうの村に住むおばあさんのところへ出かけました。

Notes
1. être fou de ...　～を溺愛する (en = d'elle)
2. mère-grand　女（古）祖母
3. chaperon　男 ずきん
4. galette　女 ガレット（丸く平たいケーキ）
5. confier à ...　他動 ～に託す

En passant dans le bois[1], elle rencontra le loup. Celui-ci avait très envie de la manger sur place, mais il se retint[2] à cause des bûcherons[3] qui étaient dans la forêt. En revanche, il lui demanda où elle allait. La petite fille, ignorant[4] que c'était très imprudent[5] de s'arrêter pour écouter un loup, lui répondit naïvement :

— Je vais chez mère-grand pour lui porter une galette et un petit pot de beurre que ma mère lui a préparés.

— Est-ce qu'elle habite loin ? interrogea le loup.

— Oh, oui ! Voyez-vous le moulin[6] tout là-bas, là-bas ? Eh bien, elle habite la première maison du village au-delà de ce moulin.

— D'accord, dit le loup. Moi aussi, je veux bien aller voir ta mère-grand. Je m'en vais par ce chemin-ci, toi, prends ce chemin-là. Voyons qui de nous deux arrivera en premier !

Sur ces mots, le loup se mit à courir à vive allure[7] par le chemin qui était le plus court. Le petit chaperon rouge, quant à elle, prit la voie la plus longue. Elle n'était pas pressée[8] et profitait de sa marche pour cueillir[9] des noisettes[10], courir après les papillons[11] et faire des bouquets de petites fleurs.

赤ずきんちゃん

　森を通っていくと、赤ずきんちゃんはオオカミに出会いました。オオカミは女の子を今すぐ食べたくてたまりませんでしたが、森の中には木こりたちがいたのでぐっと我慢しました。そのかわり、どこへ行くのか赤ずきんちゃんに尋ねました。オオカミと話すのがとても危険だということも知らず、女の子は素直にこう答えました。

　「お母さんが作ったガレットと小さなバター壺をおばあさんの家へ持って行くんです。」

　「おばあさんは遠くに住んでいるのかい？」とオオカミは尋ねました。

　「それはもう！ ずっと向こうの風車が見えますか？ おばあさんは、あの風車のもっと先にある村の最初のお家に住んでいます。」

　「そうかい」とオオカミ。「じゃ、このおいらもきみのおばあさんに会いに行くとしよう。おいらはこっちの道から行くから、きみはそっちの道を通って、どっちが先に着くか競争しよう！」

　そう言って、オオカミは近いほうの道を大急ぎで走り出しました。赤ずきんちゃんは、遠回りの道を進みました。女の子は急いでいなかったので、榛の実を拾ったり、蝶々を追いかけたり、小さな花の花束を作ったりして遊びながら歩いていきました。

Notes
1. **bois** 男 森、林
2. **se retenir** 代動 こらえる
3. **bûcheron** 男 木こり
4. **ignorer** 他動 知らずにいる
5. **imprudent** 形 慎重さを欠く
6. **moulin** 男 風車
7. **à vive allure** 大急ぎで
8. **pressé** 形 急いでいる
9. **cueillir** 他動 摘む
10. **noisette** 女 榛の実、ヘーゼルナッツ
11. **papillon** 男 蝶々

11

Il ne fallut pas beaucoup de temps pour que le loup arrive à destination. Il frappa[1] à la porte de la mère-grand : toc, toc.

— Qui est là ?

Le loup répondit en imitant la voix du petit chaperon rouge :

— C'est votre petite fille, le petit chaperon rouge. Je viens vous apporter une galette et un petit pot de beurre que ma mère a préparés.

La mère-grand qui se sentait un peu mal cria de son lit.

— Tire la chevillette[2], la bobinette[3] cherra[4].

Le loup tira la chevillette et, dès que[5] la porte s'ouvrit, se rua[6] dans la maison. Puis, comme il n'avait rien mangé depuis plus de trois jours, il se jeta[7] sur la mère-grand et la dévora en un rien de temps[8]. Ensuite, il alla fermer la porte, prit la place de la vieille femme sous les draps et attendit patiemment[9] le petit chaperon rouge.

Peu après, on entendit cogner[10] à la porte : toc, toc.

— Qui est là ? demanda le loup.

オオカミが目的地にたどり着くにはたいしてかかりませんでした。さっそくオオカミはおばあさんの家の戸を叩きました。トン、トン。
「そこにいるのはどなた？」
　オオカミは赤ずきんちゃんの声をまねて、こう答えました。
「孫娘の赤ずきんちゃんですよ。お母さんが作ったガレットと小さなバター壺を持ってきました。」
　具合が少し悪かったおばあさんは、寝床から声を上げました。
「取っ手を引いてごらん、桟が落ちるからね。」
　取っ手を引いたオオカミは、戸が開いたとたん家の中へ飛び込みました。オオカミは、3日以上なにも口にしていなかったので、おばあさんに襲いかかると、あっという間に食べてしまいました。そして、戸を閉めに行き、おばあさんのかわりにベッドにもぐり込んで、赤ずきんちゃんが来るのをじっと待ちかまえていました。

　少しして、戸を叩く音が聞こえてきました。トン、トン。
「そこにいるのはどなた？」とオオカミは尋ねました。

Notes
1. frapper 〔他動〕叩く
2. chevillette 〔女〕（古）戸の挿し錠
3. bobinette 〔女〕（古）桟、止め木
4. choir 〔自動〕（文）落ちる
5. dès que ... 〜するやいなや
6. se ruer 〔代動〕飛び込む
7. se jeter 〔代動〕飛びかかる
8. en un rien de temps 直ちに
9. patiemment 〔副〕辛抱強く
10. cogner 〔他動〕ノックする

En entendant la grosse voix du loup, le petit chaperon rouge eut d'abord peur, mais en pensant que sa mère-grand était enrhumée[1], elle répondit :

— C'est votre petite fille, le petit chaperon rouge, qui vous apporte une galette et un petit pot de beurre que ma mère a préparés.

Cette fois-ci, en adoucissant[2] un peu sa voix, le loup lui dit :

— Tire la chevillette, la bobinette cherra.

Le petit chaperon rouge ouvrit la porte en suivant[3] ces indications[4]. Caché dans les couvertures, le loup regarda la petite fille entrer.

— Mets la galette et le petit pot de beurre sur la huche[5] et viens te coucher avec moi.

Le petit chaperon rouge déposa les affaires et se déshabilla. Une fois dans le lit, elle s'étonna du corps de sa mère-grand dans son déshabillé[6] :

— Ma mère-grand, que vous avez de grands bras !

— C'est pour mieux t'embrasser, mon enfant.

オオカミの太い声を聞いた赤ずきんちゃんは、最初びくっとしましたが、おばあさんが風邪をひいたのだと思いなおして、こう答えました。
「孫娘の赤ずきんちゃんですよ。お母さんが作ったガレットと小さなバター壺を持ってきました。」
　オオカミは、今度は声をいくらかやわらげて、こう言いました。
「取っ手を引いてごらん、桟が落ちるからね。」
　赤ずきんちゃんは言われたとおりに戸を開けました。オオカミは掛け布団の中に身をひそめて、女の子が入ってくるのを見張っていました。
「ガレットと小さなバター壺をお櫃の上に置いて、こっちで一緒にお休み。」
　赤ずきんちゃんは荷物を下ろし、コートを脱ぎました。それからベッドに入ると、おばあさんの部屋着姿を見てびっくりしました。
「おばあさん、なんて長い腕をしていらっしゃるの！」
「それはね、おまえをもっと上手に抱きしめるためだよ、かわいい子や。」

Notes
1. **enrhumé** 形 風邪をひいた
2. **adoucir** 他動 やわらげる
3. **suivre** 他動 （指示に）従う
4. **indication** 女 指示
5. **huche** 女 （パン用の）長櫃
6. **déshabillé** 男 部屋着

— Ma mère-grand, que vous avez de grandes jambes !

— C'est pour mieux courir, mon enfant.

— Ma mère-grand, que vous avez de grandes oreilles !

— C'est pour mieux écouter, mon enfant.

— Ma mère-grand, que vous avez de grands yeux !

— C'est pour mieux voir, mon enfant.

— Ma mère-grand, que vous avez de grandes dents !

— C'est pour te manger !

Ce disant, le méchant loup se jeta sur le petit chaperon rouge et la mangea tout entière.

Fin

「おばあさん、なんて長い脚をしていらっしゃるの!」
「それはね、もっと速く走るためだよ、かわいい子や。」
「おばあさん、なんて大きな耳をしていらっしゃるの!」
「それはね、もっとよく聴くためだよ、かわいい子や。」
「おばあさん、なんて大きな目をしていらっしゃるの!」
「それはね、もっとよく見るためだよ、かわいい子や。」
「おばあさん、なんて大きな歯をしていらっしゃるの!」
「それはね、おまえを食べるためだよ!」

　こう言うなり、悪いオオカミは赤ずきんちゃんに飛びかかり、丸ごと食べてしまいました。

　　　　　　　　　　　　　　　　　　　おしまい

解説　この物語が世に出た1697年からおよそ120年後、同題の物語がグリム兄弟によって発表されています。筋立てがほぼ同一のふたつの物語ですが、結末が大きく異なります。グリム童話では、赤ずきんちゃんがオオカミに食べられた後、おばあさんの家の前を通りかかった狩人が昼寝をしているオオカミの腹をハサミで切り裂き、赤ずきんちゃんとおばあさんを救出します。赤ずきんちゃんは空になったオオカミの腹に石を詰め込み、オオカミは目覚めると体の重さに苦しんで死んでしまいます。

La Belle au bois dormant
d'après Charles Perrault

Il était une fois un roi et une reine qui mirent au monde une petite fille. Pour célébrer cette naissance, un beau baptême[1] fut organisé auquel toutes les fées qu'on pût trouver dans le pays (il y en avait sept) furent conviées[2] en tant que marraines[3].

Après la cérémonie, un grand festin[4] en leur honneur[5] fut tenu au palais du roi. De magnifiques couverts de fin or, garnis de[6] diamants et de rubis, étaient disposés devant chacune des fées. Alors que celles-ci prenaient place, une vieille fée entra dans la salle. Cette dernière ne comptait pas parmi les invitées, car depuis qu'elle s'était enfermée[7] dans sa tour, il y a cinquante ans, on la croyait morte ou enchantée[8]. Le roi lui fit faire une place malgré tout.

悪い妖精の呪いで王女さまは、深い眠りについてしまいます。100年後、王女さまの噂を耳にした王子さまが城を訪れ、ついに王女さまは目を覚まします。ふたりはめでたく結ばれますが、その後にはさまざまな試練が待ち構えているのでした。

眠れる森の美女

シャルル・ペローによる

　むかしあるところに、女の子を授かった王さまと王妃さまがいました。この誕生を祝って立派な洗礼式が執り行われることになり、その国で見つかった妖精（ぜんぶで7人いました）が王女の代母として式に招かれました。

　洗礼式のあと、王さまの宮殿では妖精たちをもてなす豪華な祝宴が催されました。それぞれの妖精の前には、ダイヤモンドとルビーをちりばめた見事な純金のスプーンやフォークやナイフが並べられていました。妖精たちが席に着こうとすると、ひとりの年老いた妖精が広間に入ってきました。この妖精は50年も前に塔に閉じこもり、それからというもの、死んでしまったか、あるいは魔法にかかってしまったと思われていたので、招待客のうちには入っていませんでした。それでも王さまは、その妖精の席を用意させました。

Notes
1. baptême　男 洗礼、洗礼式
2. convié　形 招待された
3. marraine　女 代母
4. festin　男 祝宴
5. en l'honneur de ...
　～に祝意を表して
6. garni de ...　形 ～で飾られた
7. s'enfermer　代動 閉じこもる
8. enchanté　形 魔法にかけられた

Mais on ne pouvait pas lui servir les mêmes couverts que les autres, puisqu'on n'en avait fait fabriquer que sept, pour les sept fées. La vieille fée crut alors qu'on la méprisait[1] et grommela[2] des menaces.

Après le repas, les fées firent leurs dons[3] à la princesse chacune à leur tour, comme c'était la coutume[4].

— Elle sera la plus belle du monde. — Tel était le don fait par la plus jeune.

— Elle aura l'esprit d'un ange, dit la suivante.

— Elle aura beaucoup de grâce, dit la troisième.

— Elle dansera merveilleusement bien, dit la quatrième.

— Elle chantera comme un rossignol[5], dit la cinquième.

— Elle jouera parfaitement de tous les instruments de musique, dit la sixième.

La vieille fée fit aussi son don :

— Elle se percera[6] la main d'un fuseau[7] et elle en mourra.

Ces terribles mots firent trembler toute l'assemblée[8]. Mais, la septième fée, qui n'avait pas encore fait son don, déclara :

しかし金の食器は7人の妖精のために7揃いしか作らせていなかったので、ほかの妖精と同じようにあてがうことができませんでした。すると年老いた妖精は、自分が軽んじられたと思い込み、ぶつぶつと脅し文句をつぶやきました。

　食事がすむと、しきたりにならって、妖精たちはひとりずつ王女さまに贈りものをすることになりました。

　「王女さまは、この世で最も美しい方になるでしょう。」これが、いちばん若い妖精からの贈りものでした。

　「まるで天使のように才知に恵まれる王女さまになるでしょう」と次の妖精が言いました。

　「たいへんしとやかな王女さまになるでしょう」と3番目が言いました。

　「踊りがとてもお上手になるでしょう」と4番目が言いました。

　「まるでウグイスのように美しい声で歌われるでしょう」と5番目が言いました。

　「どんな楽器も完璧に弾けるようになるでしょう」と6番目が言いました。

　つづいて、年老いた妖精も贈りものとしてこう言いました。

　「紡錘で手を突っついて、死んでしまうでしょうよ。」

　この恐ろしい言葉に、その場にいた人たちは全員震え上がりました。そこへ、まだ贈りものをしないで控えていた7番目の妖精が、声を張り上げて言いました。

Notes
1. mépriser 他動 軽蔑する
2. grommeler 他動 （口の中で）ぶつぶつ言う
3. faire un don à ... 〜に贈りものをする
4. coutume 女 慣習
5. rossignol 男 ウグイス
6. se percer 代動 穴があく
7. fuseau 男 紡錘、糸巻き
8. assemblée 女 集まった人々

— Rassurez[1]-vous, roi et reine, votre fille ne mourra pas. Bien que[2] je ne sois pas assez puissante pour annuler le don de la vieille fée, je peux améliorer[3] le sort[4] de la princesse. Certes[5], elle se percera la main, mais au lieu de mourir, elle sombrera dans un profond sommeil[6] qui durera cent ans. Un prince viendra la réveiller au bout de ces cent ans.

Quinze ou seize ans plus tard, la famille royale faisait un séjour dans leur maison de plaisance[7]. La jeune princesse, fort vive, s'amusait à courir dans le château, montant de chambre en chambre, jusqu'à ce qu'elle arrive dans un grenier au haut d'un donjon[8]. Une bonne vieille femme se trouvait là, seule, en train de filer[9] au fuseau.

— Que faites-vous ici ? demanda la princesse.

La vieille femme, qui ne connaissait pas la princesse, répondit :

— Je file, ma belle enfant.

— C'est joli. J'aimerais bien essayer.

Mais juste au moment où la princesse prit le fuseau, elle se perça la main et s'évanouit[10] aussitôt.

「王さまも、王妃さまも、どうかご安心なさいませ。姫君は亡くなりはしないでしょう。あいにくわたくしには、年長の妖精が与えた贈りものを取り消すほどの力はございませんが、姫君の運命をより好ましいものにすることならできます。姫君は、紡錘に手を突き刺してしまうでしょう。けれども、それで亡くなるのではなく、100年の深い眠りに落ちるでしょう。そして100年後、王子さまが姫君の目を覚ましにいらっしゃることでしょう。」

それから15、6年たったころ、王家は田舎の別荘でゆったりと過ごしていました。活発な若い王女さまは、城の中を下の部屋から上の部屋へと駆け回っていました。そうして塔の天辺にある屋根裏部屋にたどり着きました。そこには人のよさそうなおばあさんがひとり、紡錘竿(つむざお)で糸を紡いでいました。

「ここでなにをしていらっしゃるの？」王女さまは尋ねました。

このお嬢さんが王女さまだということをとんと知らないおばあさんはこう答えました。

「糸を紡いでいるのですよ、かわいいお嬢さん。」

「きれいねえ。わたくしもやってみたいわ。」

ところが、紡錘を手にしたまさにその時、王女さまは手を突き刺し、次の瞬間、気を失ってしまいました。

Notes
1. se rassurer 代動 安心する
2. bien que ... ～にもかかわらず
3. améliorer 他動 より良くする
4. sort 男 運命、境遇
5. certes ..., mais ... 確かに～だが、しかし～
6. sombrer dans le sommeil 眠りに落ちる
7. maison de plaisance 女 別荘
8. donjon 男 （城の）主塔
9. filer 自動 糸を紡ぐ
10. s'évanouir 代動 気を失う

Affolée[1], la bonne vieille cria au secours et on vint de partout pour ranimer la princesse. Le roi se rappela alors de la prédiction[2] des fées et dit :

— Ceci devait se produire tôt ou tard... Mettons la princesse dans le plus bel appartement du château et laissons-la dormir jusqu'à son réveil.

En apprenant la nouvelle, la bonne fée qui avait sauvé la vie de la princesse accourut[3] également sur les lieux. Cette fée prévoyante[4] pensa que lorsque la jeune fille se réveillerait, elle serait bien embarrassée[5] de se trouver toute seule dans le château. Alors, elle sortit sa baguette magique et toucha à tous ceux qui se trouvaient dans le château, sauf le roi et la reine. Gouvernantes[6], femmes de chambre, officiers[7], cuisiniers, gardes, chevaux, mâtins[8]... Par les pouvoirs magiques de la fée, tout ce monde s'endormit, pour ne se réveiller qu'en même temps que la princesse.

La fée avait également pris les précautions pour[9] empêcher les curieux de s'approcher de la princesse pendant son sommeil. Par un tour[10] de magie, une innombrable quantité d'arbres poussèrent tout autour du parc. De même, des ronces et des épines crûrent[11] en s'entrelaçant[12] entre elles.

おばあさんが慌てて助けを呼ぶと、あちこちから人が駆けつけてきて王女さまを起こそうとしました。この時、王さまは妖精たちの予言を思い出して、こう言いました。
「これは起こるべくして起きたことなのだ…王女をこの城のいちばん立派な部屋に移して、目を覚ますその時までそっと寝かせてあげよう。」
　かつて王女さまの命を救った善良な妖精も知らせを聞いて、その場に駆けつけてきました。用心深いこの妖精は、王女さまがお目覚めになられるとき、城にひとりぼっちではきっとお困りになるだろうと思いました。そして、魔法の杖をとりだし、王さまと王妃さま以外の城にいるものたちすべてをその杖で触れました。お目付け役たちも、召使いたちも、役人たちも、料理人たちも、衛兵たちも、馬も、番犬も、だれもかれもが妖精の魔法で、眠ってしまいました。王女さまが目覚めるその時まで。
　さらに妖精は、王女さまが眠っている間に物見高い人たちが近づかないように取り計らいました。魔法の力で、城の庭園のまわりにはおびただしい数の木々がみるみる生え、茨や棘のある草木が絡み合うように伸びていきました。

Notes
1. affolé 形 取り乱した
2. prédiction 女 予言
3. accourir 自動 駆けつける
4. prévoyant 形 用意周到な
5. embarrassé 形 当惑した
6. gouvernante 女 お目付け役
7. officier 男 役人
8. mâtin 男 大型の番犬
9. prendre les précautions pour + inf. ～するためにあらゆる予防策を取る
10. tour 男 業
11. croître 自動 成長する
12. s'entrelacer 代動 絡み合う

Un bois très épais se forma de façon à ce qu'aucune bête[1] ni aucun individu ne puisse s'approcher. Seul le haut des tours du château était encore visible, mais seulement de très loin.

Cent ans s'écoulèrent[2]. Le pays était maintenant gouverné[3] par un roi d'une autre famille que celle de la princesse. Le fils du roi faisait la chasse[4] près du bois épais et remarqua les tours au-dessus du feuillage. Il demanda à un vieux paysan ce que c'était.

— Mon prince, il y a plus de cinquante ans, mon père me raconta qu'il y avait dans ce château une princesse, la plus belle du monde. Elle devait dormir cent ans, à la suite de quoi[5] le fils d'un roi viendrait la réveiller et l'épouser.

Le jeune prince sentit alors son cœur s'enflammer[6] :

— Je mettrai fin à cette belle aventure !

Poussé par l'amour et la gloire[7], il décida de se rendre[8] au château pour voir ce qui s'y passait[9].

眠れる森の美女

　こうして、獣も人も近づけそうにない、とても深い森ができたのでした。唯一、城の塔の天辺だけがやっと見えるぐらいでした。それもずいぶん離れた場所からでないと見えませんでした。

　100年の時がたち、今では王女さまとは別の家系の王さまがこの国を治めていました。その王さまの息子がこの深い森のあたりで狩りをしていました。王子さまは森の上にそびえる塔に気づき、あれは一体なにかと年老いた農夫に尋ねました。
「王子さま、かれこれ50年以上も前、わしは父からこんな話を聞きました。あのお城にはこの世で最も美しい姫さまがいらっしゃるのだと。姫さまは100年もの間ずっと眠ることになっていて、100年たったら王さまのご子息によって呼び覚まされ、その方と結ばれることになっているのだと。」
　それを聞くと、若い王子さまは胸の奥が熱くなりました。
「ぼくがそのすてきな物語の終わりを飾ってみせよう！」
　愛と名誉心にかられ、王子さまは城の様子を見にいくことにしました。

Notes
1. bête 　女 動物、家畜、獣
2. s'écouler 　代動 (時が) 流れる
3. gouverner 　他動 (国を) 治める
4. chasse 　女 狩猟
5. à la suite de quoi 　その後で
6. s'enflammer 　代動 燃え上がる
7. gloire 　女 名誉
8. se rendre 　代動 行く
9. se passer 　代動 (事が) 起こる

À peine[1] s'avança-t-il vers le bois que les arbres, les ronces et les épines s'écartèrent pour laisser passer le prince vaillant[2]. Mais comme la forêt se refermait après son passage, personne ne put le suivre.

Bientôt, le prince arriva dans une grande avant-cour[3]. Le terrible silence qui y régnait, les corps d'hommes et d'animaux qui étaient étendus[4] çà et là l'effrayèrent. Mais il ne s'arrêta pas. Il traversa la grande cour puis la salle des gardes. Il passa à travers plusieurs chambres qui étaient toutes remplies de gardes, de gentilshommes[5] et de dames endormis. Les uns debout, les autres assis.

Enfin, il entra dans une chambre toute dorée[6] et y vit le plus beau spectacle qu'il n'eut jamais vu : une princesse, de quinze ou seize ans, d'une splendeur[7] divine, était allongée sur le lit. L'émotion était tellement forte que le prince s'approcha en tremblant puis s'agenouilla[8] à côté d'elle.

L'enchantement prit fin : la jeune princesse se réveilla et regarda le prince de ses yeux tendres[9].

— Est-ce vous, mon prince ? Je vous ai longtemps attendu.

眠れる森の美女

　勇敢にも王子さまが森の中を進んでいくや、木々や茨や棘のある草木は王子さまを通すためさっと道を開けました。ところが、すぐ後ろからまた道を塞いでいったので、だれひとり王子さまの後に付いていくことができませんでした。

　やがて王子さまは、城の広い前庭にたどり着きました。王子さまはその不気味な静けさと、人や動物があちこちに横たわっている異様な光景にぞっとしました。それでも、王子さまは進み続けました。広い中庭を抜け、衛兵室を過ぎ、部屋をいくつも通りましたが、どこもかしこも眠っている衛兵や、貴族や貴婦人でいっぱいでした。あるものは立ったまま、またあるものは座ったまま。

　ついに王子さまは金色にかがやく部屋にたどり着きました。そして、今まで見たことのないすばらしい光景をそこで目の当たりにしました。15歳か16歳くらいの、神々しいほど眩く美しい王女さまがベッドに横たわっていたのです。感極まった王子さまは、震えながら近づき、王女さまの横にひざまずきました。

　とうとう、魔法が解ける時が来ました。若い王女さまは目を覚まし、優しい眼差しで王子さまを見つめました。

　「あなたさまなのでしょうか、王子さまは？　ずっとお待ちしておりました。」

Notes

1. à peine A que + *ind.*
   A するやいなや〜
2. vaillant　形　勇敢な
3. avant-cour　女　前庭
4. étendu　形　横たわった
5. gentilhomme　男（古・文）紳士
6. doré　形　金色の
7. splendeur　女　華麗さ
8. s'agenouiller　代動　ひざまずく
9. tendre　形　柔らかい、優しい

Charmé[1] par cette magnifique princesse, le prince trouvait difficilement les mots pour exprimer ses sentiments.

Comme si le réveil de la princesse avait donné le signal, tout le château se réveilla. Le repas fut tout de suite préparé, car, après un sommeil aussi long, on mourait de faim. La princesse et le prince profitèrent d'un agréable dîner dans un somptueux salon. Après le repas, le prêtre[2] maria le couple dans la chapelle du château. Le soir, ils dormirent peu, car la princesse n'avait pas vraiment sommeil et le prince repartit dès le matin à la ville en pensant que son père s'inquiéterait de lui.

De retour au château du roi, le prince lui expliqua ainsi son absence :

— M'étant perdu durant la chasse, j'ai couché dans la hutte d'un charbonnier[3].

Le roi son père, qui était un homme bon, crut son histoire, mais sa mère n'avait pas l'air convaincue[4]. Elle trouva aussi étrange que, par la suite, son fils partît presque tous les jours à la chasse et qu'il eût toujours une excuse[5] quand il ne rentrait pas la nuit. Elle était persuadée[6] que son fils avait une aventure amoureuse.

王子さまはこの麗しい王女さまにすっかり心を奪われ、その気持ちをどう表したらいいのか、言葉がうまく見つけられませんでした。

　王女さまの目覚めが合図かのように、城じゅうの者も目を覚ましました。ぐっすり眠ったあとはおなかが空くものですから、すぐに食事が用意され、王女さまと王子さまは豪華な広間で優雅な夕食をとりました。食事が済むと、城の礼拝堂で司祭によって王女さまと王子さまの結婚式が執り行われました。その夜、ふたりはあまりゆっくり休みませんでした。王女さまはそれほど眠くありませんでしたし、王子さまは父君が心配しているだろうと思い、朝になるとすぐ都へと発ったからです。

　王さまの宮殿に帰ると、王子さまは留守のことを父君にこう説明しました。

「狩りの最中に道に迷ってしまい、炭焼き小屋に泊まらせてもらいました。」

　王である父君は人のよい方で、この話を信じてくれましたが、王妃である母君は、どうも腑に落ちない様子でした。この王妃さまは、王子さまがそれからほとんど毎日狩りに出かけていることや、よそに泊まるたびになにかしら言いわけをしていることを怪しみ、王子さまがきっと恋でもしているのだと信じて疑いませんでした。

Notes
1. charmé 形 魅了された
2. prêtre 男 司祭、神父
3. hutte d'un charbonnier 女 炭焼き小屋
4. convaincu 形 納得した
5. excuse 女 言いわけ
6. persuadé que + *ind.* 形 ～ということを確信した

Deux ans passèrent après le mariage. Le prince et la princesse avaient maintenant deux enfants : une fille nommée[1] Aurore et un fils appelé Jour. Mais le prince n'avait toujours pas dévoilé son secret à sa mère. Bien qu'il aimât sa mère, il la craignait[2] aussi, car elle venait d'une famille d'ogres[3]. À la cour[4], on disait d'ailleurs[5] tout bas que la reine avait le même instinct[6] que les ogres et que, lorsqu'elle voyait des petits enfants passer, elle s'efforçait désespérément[7] de ne pas se jeter[8] sur eux pour les manger.

Encore deux ans plus tard, le roi mourut et le prince hérita du trône[9]. C'est alors que le jeune roi déclara publiquement son mariage. Il accueillit sa femme devenue reine et ses enfants dans son château, à la ville.

Quelque temps après, le jeune roi alla faire la guerre[10] contre le pays voisin. Il quitta le château en demandant à la reine mère de s'occuper de son royaume[11] durant son absence. Dès que le roi fut parti, la reine mère envoya sa belle-fille[12] et ses enfants à une maison de campagne dans les bois.

眠れる森の美女

　王子さまと王女さまの結婚から2年が過ぎました。今やふたりはオロール（夜明けの光）という名の女の子と、ジュール（日の光）という名の男の子の、ふたりの子どもに恵まれていました。しかし王子さまは、なおも母君に秘密を打ち明けることはしませんでした。母君を愛してはいましたが、同時に恐れてもいたのです。というのも、母君がじつは人喰い鬼一族の出身だったからです。それに宮中では、こんなことが囁かれていました。王妃さまは人喰い鬼の質があり、幼い子どもたちを見かけると、喰らいついてしまわないよう必死にこらえるのだと。

　それからさらに2年がたち、王さまが亡くなり王子さまが王の座を受け継ぐことになりました。この時になってようやく、若い王さまは自分が結婚していることを公にしました。そして、王妃となった妻と子どもたちを都にある宮殿へと招き寄せました。

　しばらくして若い王さまは、となりの国と戦争をしに行くことになりました。留守の間、大妃さまである母君に国の政治を頼んで、王さまは宮殿をあとにしました。王さまが発ってしまうと、大妃さまはさっそく嫁の王妃さまとその子どもたちを、森の中の別荘に行かせました。

Notes
1. nommé　形　〜という名の
2. craindre　他動　恐れる
3. ogre(sse)　名　人喰い鬼
4. cour　女　宮廷
5. d'ailleurs　副　そのうえ
6. avoir l'instinct de ...　〜の素質をもっている
7. désespérément　副　必死に
8. se jeter　代動　飛びかかる
9. trône　男　王位
10. guerre　女　戦争
11. royaume　男　王国
12. belle-fille　女　息子の妻、嫁

33

Elle les rejoignit[1] quelques jours après, et un soir, avec le ton d'une ogresse affamée[2], elle dit à son maître d'hôtel[3] :

— Je veux manger la petite Aurore demain, à mon déjeuner.

— Co... Comment, Madame ?

— Je la veux. Et je la veux à la sauce-Robert[4].

Le maître d'hôtel fut complètement choqué par ces mots, mais il n'était pas question de s'opposer à une ogresse. Il prit donc son grand couteau et monta à la chambre de la petite fille.

Lorsque la petite Aurore, alors âgée de quatre ans, vit le maître d'hôtel, elle sauta sur lui en riant et lui demanda un bonbon. « Non, je ne peux pas égorger[5] cette enfant... », se dit-il. Alors, il laissa tomber le couteau et emporta la petite Aurore avec lui. De suite, il alla demander à sa femme de la cacher dans leur logement[6] au fond de la basse-cour[7]. Au lieu de l'enfant, il coupa la gorge d'un petit agneau[8] et le servit à la reine ogresse avec une délicieuse sauce.

— Hum... Je n'ai jamais rien mangé d'aussi bon, se réjouit[9]-elle.

数日後、大妃さまもあとを追って別荘へ行きました。そしてある晩、大妃さまはまるで飢えた人喰い鬼のような調子で、料理長にこう言いました。
「明日の昼食に小さいオロールが食べたい。」
「な…なんですと、大妃さま？」
「食べたいと言っているの。それも、ソース・ロベールを添えてね。」
　これを聞いた料理長は、がく然としました。しかし、人喰い鬼に逆らうなどもってのほかです。そこで大きな包丁を手に取り、オロールの部屋へと上がっていきました。
　4歳の小さいオロールは料理長を見かけると、笑いながらその首にとびついてボンボンをねだりました。「だめだ、この子を切り殺すことなんてできない…」と料理長は心の中でつぶやきました。そして包丁を放りだすと、小さいオロールを連れ帰り、家畜小屋の奥にある自宅にかくまうよう、妻に言いつけました。料理長は、子どもの代わりに、子羊の喉を切って殺し、その肉においしいソースを添えて人喰い鬼の大妃に振る舞いました。
「まあ、こんなにおいしいものを食べるのは初めて！」と大妃は喜びました。

Notes

1. **rejoindre** 他動 追いつく
2. **affamé** 形 飢えた
3. **maître d'hôtel** 男 (古) 料理長
4. **sauce-Robert** 女 玉ねぎ、マスタード、酢、塩、こしょうなどで作るソース
5. **égorger** 他動 切り殺す、のどを切って殺す
6. **logement** 男 住まい
7. **basse-cour** 女 (古) 家畜小屋のある裏庭
8. **agneau** 男 子羊
9. **se réjouir** 代動 喜ぶ

Environ une semaine plus tard, la méchante reine dit à son maître d'hôtel :

— Je veux manger le petit Jour à mon dîner.

Cette fois-ci, le maître d'hôtel ne répliqua[1] pas, car il avait déjà décidé de la tromper[2] comme la dernière fois. Il alla chercher le petit garçon de trois ans qui était en train de s'amuser avec une épée[3] jouet. Il le porta à sa femme pour le cacher avec la petite Aurore et il servit un petit chevreau[4] fort tendre à la méchante reine.

— C'est succulent[5] ! le félicita-t-elle.

Jusque-là, les choses s'étaient bien passées. Seulement, un soir, l'ogresse dit au maître d'hôtel :

— Je veux manger la reine à la même sauce que ses enfants.

Ces propos[6] affolèrent[7] le maître d'hôtel. La jeune reine avait passé ses vingt ans, sans compter les cent ans de son sommeil. Bien qu'elle soit belle et blanche, sa peau était devenue un peu dure. « Je ne vois pas quelle viande pourrait la remplacer... » Alors, ne voulant pas risquer sa vie, il décida d'égorger la jeune reine. Mais comme il ne voulait pas agir[8] comme une brute[9], il lui révéla[10] avec beaucoup de respect l'ordre reçu de la reine mère.

それから1週間ほどがたち、悪い大妃は料理長にこう言いました。

「夕食に、小さいジュールが食べたい。」

料理長は今度は口答えをしませんでした。なぜなら、前回と同じように大妃をだまそうとあらかじめ決めていたからです。そして、剣術ごっこをしていた3歳の男の子を探しにいき、小さいオロールと一緒に隠すため妻のところへ連れていきました。悪い大妃には、とても軟らかい子ヤギの肉を出しました。

「絶品だわ！」と大妃は絶賛しました。

ここまでは順調に運びました。ただし、ある日の夕方、人喰い鬼が料理長にこう言うまでは。

「若い王妃を子どもたちと同じソースで食べたい。」

この言葉に料理長はうろたえました。眠りについていた100年を勘定に入れなくても、王妃さまは20歳を過ぎていたので、その肌がいくら美しく色白ではあっても、すこし硬くなっていました。「代わりになるちょうどいい肉が見当たらない…。」自分の命を惜しいと思った料理長は、いよいよ王妃さまを切り殺すことを決めました。でも、乱暴者のようにいきなり襲いかかることはしたくなかったので、大妃から受けた命を王妃さまにうやうやしく打ち明けました。

Notes
1. répliquer　自動 口答えする
2. tromper　他動 だます
3. épée　女 剣
4. chevreau　男 子ヤギ
5. succulent　形 美味な
6. propos　男 言葉、話
7. affoler　他動 慌てさせる
8. agir　自動 振る舞う
9. brute　女 乱暴者
10. révéler　他動（秘密を）明かす

La jeune reine lui dit alors :

— Faites votre devoir. J'irai revoir mes pauvres enfants au ciel.

Elle les croyait morts depuis qu'on les avait enlevés[1] secrètement.

— Non, non, Madame, reprit[2] le maître d'hôtel en changeant d'avis. Vos enfants ne sont pas morts. Et vous, vous ne mourrez pas non plus. Je tromperai encore la reine mère en lui servant une jeune biche[3] à votre place.

Puis, il emmena[4] la jeune reine à son logis où elle retrouva ses enfants. Quant à la méchante reine, elle mangea une jeune biche avec grand appétit à son dîner.

Cette méchante reine avait l'habitude de rôder[5] le soir dans les cours et les basses-cours du château pour chercher de la viande fraîche. Lors d'une de ses sorties nocturnes, elle fut surprise d'entendre les voix du petit Jour et de la petite Aurore qui parlaient à leur mère. En réalisant qu'on l'avait trompée, l'ogresse devint folle furieuse. Le lendemain matin, d'une voix épouvantable[6] qui fit trembler tout le monde, elle hurla[7] :

すると、王妃さまはこう言いました。

「お務めを果たしてください。わたくしは、天国にいるかわいそうな子どもたちに会いに行きます。」

子どもたちがこっそり連れ去られてから、王妃さまは子どもたちは死んでしまったと思っていたのです。

「いいえ、いいえ、王妃さま。」料理長は考え直して言いました。「お子さまたちは亡くなられてなどおりません。そして、あなたさまも、死ぬことはございません。大妃さまにはあなたさまの代わりに若い雌鹿の肉をご用意して、またごまかそうと思います。」

それから、料理長は王妃さまを自分の家へ連れていき、王妃さまは子どもたちとの再会を果たしました。悪い大妃は夕食の席で、若い雌鹿を満足そうにもりもり食べました。

さてこの悪い大妃ですが、夕方になると新鮮な肉を求めて、宮殿の中庭や家畜小屋がある裏庭をうろうろする習慣がありました。そんなある晩、小さいジュールと小さいオロールが母親に話す声が聞こえてきて、はっとしました。自分がだまされていたことに気づいた人喰い鬼は怒りに我を忘れ、朝を迎えるとさっそく、みんなを震え上がらせるほどの恐ろしい声でこう怒鳴りました。

Notes
1. enlever 他動 誘拐する
2. reprendre 他動 (話を)続ける
3. biche 女 雌鹿
4. emmener 他動 連れていく
5. rôder 自動 うろつく
6. épouvantable 形 恐ろしい
7. hurler 自動 わめく

— Apportez une grande cuve[1] remplie de crapauds[2] et de serpents au milieu de la cour ! Mettez-y la reine, ses enfants, le maître d'hôtel, sa femme et sa servante !

Les bourreaux[3] étaient prêts à jeter les prisonniers dans la cuve, lorsque le jeune roi apparut à cheval dans la cour : enfin, il était de retour de la guerre.

— Quel est donc cet horrible spectacle ?

Personne n'osait[4] lui répondre. C'est alors que l'ogresse, par dépit[5], se jeta elle-même dans la cuve et fut aussitôt dévorée par les vilaines[6] bêtes. Le roi fut chagriné[7] d'avoir perdu sa mère, mais il se consola[8] bientôt grâce à sa femme bien-aimée[9] et à ses enfants.

Fin

「中庭にヒキガエルやヘビをめいっぱい入れた大きい桶を持ってこい！ その中に王妃と子どもたち、料理長とその妻と使用人の女をぶち込め！」

死刑執行人たちが、囚われた王妃さまたちを桶の中に投げ込もうとしたちょうどその時、馬に乗った若い王さまが中庭に現れました。戦争からようやく帰ってきたのでした。

「この恐ろしいありさまは一体どういうことです？」

だれひとり口を開こうとする者はいません。すると、人喰い鬼は悔しさのあまり自ら桶に身を投げ、おぞましい動物にまたたく間にむさぼり食われてしまいました。王さまは、母君を亡くしたことを悲しみましたが、愛する妻と子どもたちのおかげで、その心の傷はやがて癒やされていきました。

おしまい

解説　眠り姫と王子さまの結婚後の恐ろしい展開が意表を突きます。ペローの作品よりも後から書かれたグリム兄弟の類話『いばら姫』では、王女さまは王子さまのキスで100年の眠りから目覚め、ふたりは結ばれて物語は締めくくられます。絵本、アニメ映画、バレエ作品など、グリム童話の筋立てをもとにしているものが多いためか、後者のほうが広く知れわたっているようです。

Notes
1. cuve 女 桶
2. crapaud 男 ヒキガエル
3. bourreau 男 死刑執行人
4. oser + *inf.* 他動 思い切って〜する
5. dépit 男 悔しさ
6. vilain 形 醜悪な
7. chagriné 形 悲しんだ
8. se consoler 代動 立ち直る
9. bien-aimé 形 愛する(人)

Les Fées
d'après Charles Perrault

Il était une fois une veuve qui vivait avec ses deux filles. Désagréable[1] et orgueilleuse[2], l'aînée[3] ressemblait beaucoup à la mère. La cadette[4] était, quant à elle, douce[5] et honnête[6] comme son père défunt. En plus de son bon caractère, elle était d'une beauté sans égale.

Comme on aime son semblable[7], la mère adorait l'aînée, qui lui ressemblait en tout point, et n'arrêtait pas de la gâter[8]. En revanche, elle ressentait[9] de la haine[10] pour la cadette et lui ordonnait[11] sans cesse d'accomplir des corvées[12]. Par exemple, elle exigeait[13] qu'elle aille puiser[14] l'eau à la fontaine[15] située[16] à une demi-lieue[17] de leur maison, pour remplir la grande cruche[18] et cela deux fois par jour.

意地悪な母親の言いつけで水汲みに行った優しい妹娘は、泉で会った妖精から不思議な贈りものをもらいます。帰ってきた妹娘が話すたびに花や宝石が口からこぼれ落ちるのを見て、母親は姉娘も泉へ送り出しますが…。

妖精

シャルル・ペローによる

あるところに、未亡人がふたりの娘と暮らしていました。性格の悪い高慢ちきな姉娘は母親にそっくりでした。妹娘のほうは、亡くなった父親に似て優しく礼儀正しいうえ、たいへん美しい娘でした。

似た者同士は自然と寄り添うもので、母親は自分にそっくりの姉娘をたいへんかわいがり、甘やかしてばかりいました。それとはうらはらに、妹娘のことは憎らしく思い、あらゆる仕事にこき使っていました。たとえば、半里離れたところにある泉へ、1日に2回も大きな甕いっぱいの水を汲みに行かせたりしていました。

Notes

1. désagréable 形 感じの悪い
2. orgueilleux 形 高慢な
3. aînée (ainée とも) 女 長女
4. cadette 女 第2子以下の娘
5. doux 形 穏やか
6. honnête 形 (古) 礼儀正しい
7. semblable 名 似た人間
8. gâter 他動 甘やかす
9. ressentir 他動 感じる
10. haine 女 嫌悪
11. ordonner 他動 命じる
12. corvée 女 嫌な仕事
13. exiger 他動 (強く) 要求する
14. puiser 他動 汲む
15. fontaine 女 泉
16. situé 形 位置した
17. demi-lieue 女 半里=約2km
18. cruche 女 水甕

Un jour où la cadette s'était rendue[1] à la fontaine pour remplir sa cruche, une pauvre femme s'approcha et lui demanda de lui donner à boire.

— Oui, bien sûr, répondit la belle fille.

Et après avoir rincé[2] la cruche, elle puisa de l'eau au plus bel endroit de la fontaine. La fille soutenait[3] la cruche pour que la femme puisse boire plus facilement.

— Vous êtes tellement belle, bonne et honnête que je voudrais vous faire un don[4], dit la femme. Dorénavant[5], à chaque fois que vous parlerez, une fleur ou une pierre précieuse[6] sortira de votre bouche.

En fait, cette femme était une fée qui avait pris l'apparence[7] d'une pauvre femme de village pour tester l'honnêteté de la jeune fille.

Après ce mystérieux entretien[8], la fille retourna à la maison où sa mère s'impatientait[9].

— Je vous demande pardon d'avoir pris tant de[10] temps, s'excusa la cadette.

Mais en disant ces mots, deux roses, deux perles et deux gros diamants sortirent de sa bouche.

妖精

　妹娘が泉に水汲みに来ていたある日のこと、みすぼらしい女が近づいてきて、水を飲ませてほしいと頼みました。
「ええ、もちろんですとも。」
　美しい娘はそう言って甕をゆすぐと、泉のいちばん澄んだところの水を汲んであげました。そして、飲みやすいようにと、女が飲んでいる間、娘は甕を支えていました。
「あなたはなんと美しく、心が優しく、礼儀正しいのでしょう。そんなあなたに贈りものをしたいと思います」と女は言いました。「これからは、あなたが話すたびに、その口から花がひとつ、または宝石がひとつ出てくるでしょう。」
　実は、この女は、娘の誠実さを試すために、みすぼらしい田舎の女に扮した妖精だったのです。

　この不思議なやり取りを終えて、娘は母親が待ちくたびれている家へと戻りました。
「ずいぶん時間がかかってしまって、ごめんなさい。」
　母親に詫びを言った途端、娘の口からはバラの花がふたつと真珠がふたつ、大粒のダイヤモンドがふたつ出てきました。

Notes

1. se rendre　代動 行く
2. rincer　他動 ゆすぐ
3. soutenir　他動 支える
4. faire un don à ...　~に贈りものをする
5. dorénavant　副 これからは
6. pierre précieuse　女 宝石
7. prendre l'apparence de ...　~に姿を変える
8. entretien　男 やり取り
9. s'impatienter　代動 いらだつ
10. tant de + n.　とても多くの~

45

— Qu'est cela ? s'exclama[1] la mère. D'où cela vient-il, ma fille ? (C'était la première fois que la mère appelait ainsi la cadette.)

Celle-ci lui raconta alors sa mystérieuse rencontre à la fontaine. Au fur et à mesure[2] qu'elle parlait, des diamants s'échappaient[3] encore de sa bouche.

— Incroyable, il faut que j'y envoie ma chérie ! dit la mère tout excitée. Ma chère Fanchon, je suis certaine que tu aimerais avoir le même don. Il suffit[4] d'aller puiser de l'eau à la fontaine et, quand tu verras une pauvre femme qui te demandera à boire, de lui offrir de l'eau gentiment.

L'aînée n'était pas convaincue[5], mais sa mère insista[6] tellement qu'elle finit par obéir. Puis, elle prit, non pas la misérable cruche, mais le plus beau flacon[7] d'argent de la maison et se rendit à la fontaine.

Sitôt[8] arrivée, l'aînée vit une dame dans une tenue[9] magnifique sortir du bois. C'était en fait la même fée qu'avait rencontrée la cadette, mais, cette fois-ci, elle avait pris l'allure[10] d'une princesse pour tester la malhonnêteté de l'aînée.

妖精

「これは何？」と母親は驚きの声を上げました。「これは一体どうしたんだね、娘や？」（母親が妹娘を、娘や、と呼ぶのはこの時が初めてでした。）

そこで妹娘は泉での不思議な出会いを語りました。話しているうち、口からはダイヤモンドがさらにこぼれ落ちてきました。

「信じられない、わたしのかわいい子も行かせなきゃ！」と興奮した母親が言いました。「わたしのかわいいファンション、同じ贈りものが欲しいと思わないかい？ 泉に水汲みに行って、水を飲ませてほしいと言ってくるみすぼらしい女を見かけたら、礼儀正しく水を差し出せば、それでいいんだよ。」

姉娘は納得していませんでしたが、母親があまりくどくど言うので、結局言うことを聞くことにしました。そして、貧乏くさい水甕ではなく、家にあるいちばんきれいな銀の水差しを取ると、泉へと向かいました。

泉に着くとすぐに、姉娘は森の中から立派な装いの女性が現れるのを見かけました。この女性は妹娘が会ったのと同じ妖精でしたが、今は姉娘の不誠実さを試すため、王女さまのような格好をしていたのでした。

Notes
1. s'exclamer　代動　叫ぶ
2. au fur et à mesure que ...　～に応じて
3. s'échapper de ...　代動　～から出てくる
4. il suffit de ...　～だけで十分である
5. convaincu　形　納得した
6. insister　自動　くどくど言う
7. flacon　男　小瓶
8. sitôt　副　～するとすぐに
9. tenue　女　服装
10. allure　女　様相、姿

— Croyez-vous que je sois venue exprès[1] ici pour vous donner à boire ? dit la sœur brutale[2] d'un ton dédaigneux[3]. Tenez, voici mon flacon. Si vous avez soif, vous n'avez qu'à[4] puiser et boire l'eau vous-même.

— Vous n'êtes pas honnête, dit la fée sans se mettre en colère. Puisque vous êtes peu obligeante[5], je vous fais ce don : dorénavant, à chaque fois que vous prendrez la parole[6], un serpent ou un crapaud[7] sortira de votre bouche.

De retour à la maison, la mère se jeta[8] sur la fille aînée.

— Eh bien, ma fille !
— Eh bien, ma mère ! lui répondit la méchante fille en crachant[9] deux serpents et deux crapauds.
— Mon Dieu ! Qu'est-ce que c'est que ça ? Grr... Tout cela est la faute de ta sœur !

Répugnée[10], la mère courut vers la pauvre cadette pour la battre[11]. Celle-ci, effrayée[12], se sauva[13] dans la forêt voisine.

妖精

「あんたに水を飲ませるために、わたしがわざわざここに来たとでも思っているの？」と偉そうな口調でがさつな姉娘は言いました。「はい、これ、わたしの瓶よ。喉が渇いているのなら、自分で水を汲んで飲めばいいわ。」

「あなたは礼儀正しくありませんね」と妖精は腹を立てることなく言いました。「あまり親切ではないので、あなたにはこんな贈りものをしてあげましょう。これからは、あなたが何かひとこと言うたびに、ヘビが1匹かヒキガエルが1匹、その口から出てくるでしょう。」

家に戻ると、母親は姉娘に飛びつきました。
「どうだったの、娘や！」
「どうもこうもないわ、お母さん！」と、意地の悪い娘はヘビを2匹とヒキガエルを2匹吐き出しながら答えました。
「なんと！ これは一体なに？ ええい、なにもかも妹のせいだね！」
母親が、妹娘を目の敵にして殴りかかろうとしたので、かわいそうな妹娘は恐ろしくなって近くの森へと逃げていきました。

Notes

1. exprès 副 わざわざ
2. brutal 形 粗暴な
3. dédaigneux 形 軽蔑的な
4. n'avoir qu'à + inf. 〜するだけでいい
5. obligeant 形 親切な
6. prendre la parole 発言する
7. crapaud 男 ヒキガエル
8. se jeter 代動 飛びかかる
9. cracher 他動 吐き出す
10. répugné 形 嫌気が差した
11. battre 他動 殴る
12. effrayé 形 ひどく恐れている
13. se sauver 代動 逃げる

À ce moment-là, le fils du roi revenait de la chasse. En voyant la charmante fille, il ne put s'empêcher[1] de lui demander ce qu'elle faisait seule à pleurer dans le bois.

— Hélas, Monsieur, ma mère m'a chassée[2] de la maison.

Pendant qu'elle parlait, quantité de perles et de diamants sortaient toujours de sa bouche. Surpris, le prince demanda d'où cela venait. La fille raconta alors toute son aventure. Le prince en devint amoureux et l'invita au palais de son père, le roi, pour l'épouser.

Quant à sa sœur aînée, elle devint de plus en plus insupportable[3] et sa mère finit par la chasser de chez elle. Elle eut beau[4] errer[5] ici et là, personne ne voulut recevoir une fille aussi désagréable et finalement, elle mourut au coin d'un bois[6].

Fin

妖精

ちょうどその時、王子さまが狩りから戻ってきました。王子さまは、美しい娘を見かけると、なぜ森の中でひとりで泣いているのか聞かずにはいられませんでした。

「ああ、なんと不幸なことでしょう、王子さま。母に家を追い出されてしまいました。」

娘が話している間、またしても真珠やダイヤモンドが次から次へと口から出てきました。びっくりした王子さまは、これはどうしたことかと尋ね、娘は身に起こったことをすべて話しました。それを聞いた王子さまは娘に惚れこんで、結婚するため、王である父君のいる宮殿に招きました。

姉娘のほうはというと、だんだんと手に負えなくなり、とうとう母親が家から追い出してしまいました。あちこちさまよったものの、こんな性格の悪い娘の世話をしようという人は誰ひとりいなかったので、最後はひとり寂しく死んでしまいました。

おしまい

解説 物語が書かれた 17 世紀では、honnête であることは大きな美徳で、「人としてのあるべき行いや道徳を守る人」を指しました。妹娘のような honnête femme は、品行がよく貞節で控え目な女性のことを言い、一方 honnête homme は家柄がよく教養があり礼儀正しい社交人を指し、当時の理想的人間像でもありました。

Notes
1. s'empêcher de + *inf.* 代動 ～するのを我慢する
2. chasser 他動 追い出す
3. insupportable 形 耐えられない
4. avoir beau + *inf.* ～だけれども
5. errer 自動 さまよう
6. mourir au coin d'un bois ひとり寂しく死ぬ

Riquet à la houppe

d'après Charles Perrault

Il était une fois une reine qui donna naissance à un fils fort laid et mal formé dont on douta longtemps qu'il eût une forme humaine. Cette naissance chagrina[1] profondément la reine. Mais une fée, qui assistait à l'accouchement[2], l'assura[3] que l'enfant serait très aimable[4], car il aurait beaucoup d'esprit[5]. De plus, la fée lui fit un don[6] :

— Il donnera autant d'esprit qu'il en possède lui-même à la personne qu'il aimera le plus.

Ces paroles consolèrent[7] un peu la pauvre reine. Et effectivement, lorsque le petit garçon commença à parler, il dit des milliers de jolies choses. Il charma les gens par toutes ses actions qui avaient toujours quelque chose de spirituel.

知恵には恵まれていても、たいへん不格好な容姿をもって生まれてきた王子さまは、無類の美しさをもっていても、まったく知恵のない王女さまに恋をします。
お互いの足りない部分を補おうとする、ふたりの愛の物語。

巻き毛のリケ

シャルル・ペローによる

　むかしあるところに、たいへん醜く不格好な男の子を産んだ王妃さまがいました。その子は人間の姿かたちをしているのかすら、しばらくの間疑われていたほどでした。王妃さまはこの子にひどくがっかりしましたが、出産に居合わせた妖精は、この赤子はみんなからとても好かれる人になるでしょう、なぜなら才知に恵まれるはずですからと請け合い、さらにこんな贈りものを授けました。

　「お子さまは、自分のいちばん愛する人に自分がもっているのと同じだけの才知を与えることができるようになるでしょう。」

　この言葉に、王妃さまはいくらか慰められました。なるほど、たしかに男の子が言葉を話すようになると、気の利いたことをいろいろと口にし、その行いのひとつひとつが、いつもどこかしら才知に富んでいて、人々をうっとりとさせました。

Notes
1. chagriner　他動 悲しませる
2. accouchement　男 出産
3. assurer　他動 保証する
4. aimable　形 (古) 愛すべき
5. esprit　男 才知
6. faire un don à ...　〜に贈りものをする
7. consoler　他動 慰める

Riquet à la houppe

Ah oui, j'oubliais de dire que ce petit garçon était appelé Riquet à la houppe, car il vint au monde avec une petite houppe de cheveux sur la tête. Riquet était son nom de famille.

Sept ou huit ans plus tard, la reine d'un royaume[1] voisin mit au monde deux filles. En voyant sa première fille qui était plus belle que le jour, la mère éclata de joie[2]. La fée qui avait assisté à la naissance de Riquet à la houppe était présente à ce moment-là et pour modérer[3] l'excitation de la reine, elle lui déclara ceci :

— Elle sera aussi stupide[4] qu'elle est belle.

Ces mots bouleversèrent[5] la reine, mais elle fut encore plus choquée lorsqu'elle vit sa seconde fille : elle était extrêmement laide.

— Ne vous inquiétez pas, Madame, lui dit la fée. Votre seconde fille aura tant d'esprit, qu'on ne s'apercevra[6] presque pas qu'il lui manque de la beauté. Quant à votre première fille, je lui accorde[7] le don de rendre[8] belle la personne qu'elle aimera.

巻き毛のリケ

　そうそう、ひとつお話しするのを忘れていました。この男の子は、生まれながらに頭の天辺にひとふさの巻き毛をもっていたので、巻き毛のリケと名付けられていました。リケというのは、王家の名字でした。

　それから7、8年が過ぎ、隣の国の王妃さまがふたりの女の子をもうけました。お天道さまにも勝る美しさをもつ姉娘を目にすると、王妃さまは飛び上がらんばかりに喜びました。この出産の場には、巻き毛のリケの誕生に立ち会った妖精も居合わせていました。そして、興奮覚めやらぬ王妃さまの気を落ち着かせようと、妖精はこう言い渡しました。
「お嬢さまは、美しさに恵まれた分、頭の鈍い人に育つでしょう。」
　この言葉に王妃さまの気分は一変しました。しかし生まれてきたもうひとりの女の子を目にすると、それ以上の衝撃を受けました。その子は、この上なく醜かったのです。
「ご安心なさいまし、王妃さま」と妖精は言いました。「二人目のお嬢さまはたいそう才知に恵まれるでしょうから、美しさが足りないことなんて、ほとんど気づかれないでしょう。それと、そちらの一人目のお嬢さまには、愛する人を美しくする力を授けましょう。」

Notes
1. royaume 男 王国
2. éclater de joie 大いに喜ぶ
3. modérer 他動 鎮める
4. stupide 形 ばかな
5. bouleverser 他動 (気を)動転させる
6. s'apercevoir 代動 気づく
7. accorder 他動 与える
8. rendre (+ 属詞 + n.)
　 (n. を～の状態)にする

Au fur et à mesure que[1] les deux princesses grandirent, la beauté de l'aînée et l'esprit de la cadette s'accrurent[2]. Mais, leurs défauts augmentèrent[3] également.

Quoique[4] la beauté soit un avantage chez une jeune femme, la cadette qui avait plus d'esprit réussissait souvent à attirer plus de compagnie[5]. D'abord on s'approchait de la belle aînée pour la contempler[6], mais au bout de peu de temps, tout le monde se rapprochait de la cadette pour l'entendre dire des milliers de choses agréables[7].

Bien que[8] stupide, l'aînée remarqua le comportement de ces gens et en fut blessée[9]. Elle eut envie de donner toute sa beauté pour avoir la moitié de l'esprit de sa sœur.

Lorsqu'un jour elle se rendit dans un bois pour pleurer son malheur, elle remarqua qu'un petit homme fort laid, mais vêtu[10] magnifiquement, s'avançait vers elle. C'était le prince Riquet à la houppe qui avait quitté son pays pour venir la voir et lui parler. Celui-ci connaissait la belle princesse grâce à ses portraits qui circulaient[11] partout et il en était devenu amoureux.

巻き毛のリケ

　ふたりの王女さまが大きくなるにつれ、姉の美しさと妹の才知はだんだんと目立っていきました。しかし、それと同時に欠点のほうもますます目につくようになりました。

　若い娘にとって美しいことがいくら大きな強みではあっても、社交の場ではほとんどの場合、才知のある王女さまのほうが人々を惹きつけました。最初のうちは、一目その美貌を眺めようとみんな美しい姉のほうへ寄っていきましたが、ほどなくして全員が全員、妹のもとへいろいろな愉しい話を聞きにいくのでした。

　いくら愚かでも、姉の王女さまは人々のそんな態度に気づいており、胸を痛めていました。妹の才知の半分でも手に入るなら、自分の美しさを丸ごと譲っても惜しくないとさえ思っていました。

　この王女さまがある日、森へ行って自分の不幸をなげいていた時のことです。たいへん醜いものの、身なりだけは立派な小男がこちらに向かってくるのに気づきました。その小男とは、王女さまに一目会って話をしようと国を出てやってきた巻き毛のリケ王子だったのです。王子さまは、あちこちに行き渡っている肖像画を見て美しい王女さまのことを知り、いつしか恋心を抱くようになっていました。

Notes
1. au fur et à mesure que ... 〜につれてしだいに
2. s'accroître 代動 増す
3. augmenter 自動 増大する
4. quoique 接 〜とはいえ
5. compagnie 女（集まった）仲間たち
6. contempler 他動 見つめる
7. agréable 形 快い
8. bien que ... 〜であるのに
9. blessé 形 傷ついた
10. vêtu 形（服を）着た
11. circuler 自動（情報、噂などが）流れる

Le prince laid l'aborda[1] avec tout le respect et les politesses imaginables. Puis, en remarquant l'air mélancolique de la princesse, il lui dit :

— Je ne comprends pas pourquoi une personne aussi belle que vous peut être aussi triste. J'ai déjà rencontré une infinité de[2] belles personnes, mais, croyez-moi, je n'ai jamais vu une personne dont la beauté soit comparable à la vôtre.

— Je préférerais être aussi laide que vous et avoir de l'esprit, plutôt que d'être belle mais bête autant que je le suis, lui répondit la princesse.

— Madame, la preuve[3] que l'on a de l'esprit est justement de croire que l'on n'en a pas. Plus on pense qu'on manque d'esprit, plus on en a.

— Je ne sais pas cela, mais je sais bien que je suis fort bête et c'est pour cela que je suis autant chagrinée.

— Si cela est votre seul souci[4], je pense pouvoir vous aider, dit le prince. J'ai le pouvoir[5] de donner de l'esprit à la personne que j'aimerai le plus. Et Madame, vous êtes précisément[6] cette personne. Si vous vouliez bien m'épouser, vous aurez tout l'esprit que vous voudrez.

醜い王子さまは、考えられる限りのうやうやしさと礼儀正しさをもって挨拶をしました。それがすむと、王子さまは王女さまのもの憂げな様子に気づき、こう言いました。
「あなたほどの美しい人がなぜそれほどまでに悲しんでいらっしゃるのか、想像がつきません。ぼくは数えきれないほどの美しい人に会ってきましたが、いまだかつてあなたほどの美しさに恵まれた人にお目にかかったことがありません。」
「わたくしのように美しくても愚かでいるより、あなたと同じくらい醜くても才知に恵まれているほうがましですわ」と王女さまは答えました。
「王女さま、才知がないと思うそのこと自体が、才知があるというなによりの証拠です。才知がないと思えば思うほど、実はもっているものなのです。」
「そういうことは、わたくしには分かりません。でも、自分はとても愚かだということはよく分かっています。ですから、こんなにも辛いのです。」
「それがあなたの唯一のお悩みなら、ぼくが何とかして差し上げられます」と王子さまは言いました。「ぼくは、最も愛する相手に才知を授ける力を持っております。それで王女さま、あなたこそがその相手なのです。もし、ぼくと結婚していただけるのであれば、あなたは望むだけの才知を手に入れられるでしょう。」

Notes
1. aborder　他動　言葉をかける
2. une infinité de ...　無数の〜
3. preuve　女　証拠
4. souci　男　心配事
5. pouvoir　男　力、能力
6. précisément　副　まさしく

La princesse resta confuse et ne répondit rien.

— Je vois que cette proposition inattendue vous trouble et cela ne m'étonne pas. Tenez[1], je vous donne un an. Vous avez un an à partir d'aujourd'hui pour prendre une décision.

La princesse avait très peu d'esprit, mais en même temps, avait une grande envie d'en avoir. Alors, croyant que la fin de cette année ne viendrait jamais, elle accepta la proposition du prince sur-le-champ[2].

— Je vous promets de vous épouser dans un an, à pareille date.

Dès qu'elle fit cette promesse, la princesse se sentit complètement différente. Elle put dire plus facilement tout ce qu'elle voulait, et elle le disait d'une manière fine[3], aisée[4] et naturelle. Elle commença même à tenir des conversations galantes[5] et soutenues[6] avec Riquet à la houppe. Lui-même restait impressionné d'un tel[7] épanouissement[8].

Quand elle retourna au palais, toute la cour fut frappée[9] d'un changement aussi soudain[10] et radical chez la princesse aînée. Tout le monde fut enchanté[11], sauf la cadette. Elle n'était plus vraiment à l'aise[12], car elle avait perdu l'avantage de l'esprit.

あっけにとられた王女さまは、返す言葉が見つかりません。
「いきなりの申し出に戸惑っていらっしゃるようですね。無理もありません。では、1年お待ちいたしましょう。答えを出すために、今日から丸1年の時を差し上げます。」

王女さまは、知恵が足りませんでしたし、その知恵が欲しくてたまらなかったので、1年の終わりなどけっして来ないだろうと思い込み、王子さまの申し出をさっさと受けてしまいました。
「1年後の同じ日にあなたと結婚することを約束します。」

この約束をしたとたん、王女さまは自分がまるで別人になったような気がしました。なんでも言いたいと思ったことをすんなりと言えるようになりました。それも実に上品に、無理なく、自然に。巻き毛のリケと、洗練された高尚な会話までし始めるほどでした。王子さま自身もこの見事な変わりように心を打たれていました。

王女さまが宮殿へ戻ると、宮中の人たちはみんな姉の王女さまが急にすっかり変わったことに驚き、大いに喜びました。ただひとり妹の王女さまだけは、姉君よりも優れているところがなくなったことで、心穏やかではいられなくなりました。

Notes

1. tenez (tenir の成句) 間投 さあ
2. sur-le-champ 副 直ちに
3. fin 形 上品な
4. aisé 形 容易な
5. galant 形 (古) 洗練された
6. soutenu 形 高尚な
7. tel 形 そのような
8. épanouissement 男 成熟、開花
9. frappé 形 驚嘆した
10. soudain 形 突然の
11. enchanté 形 うれしい
12. être à l'aise 気楽でいる

On parla de la métamorphose[1] de la princesse aînée partout ailleurs. Tous les jeunes princes des royaumes voisins firent des efforts pour se faire aimer et presque tous la demandèrent en mariage. Malheureusement, la princesse n'en trouvait pas un qui avait assez d'esprit. Pourtant, un jour, elle vit un prince si puissant[2], si riche, si spirituel et si beau qu'elle ne resta pas indifférente[3]. Mais plus on a de l'esprit, plus il est difficile de prendre une décision ; elle préféra donc prendre le temps de réfléchir.

Pour songer[4] calmement à son avenir[5], la princesse alla se promener au bois. Elle ne se rendit pas compte qu'elle se retrouvait par hasard dans le même bois où elle avait rencontré Riquet à la houppe. Pendant qu'elle avançait, absorbée dans ses pensées, elle entendit un bruit sourd[6] sous ses pieds. On aurait dit que plusieurs personnes allaient et venaient. Quelle était donc toute cette activité ? La princesse tendit l'oreille[7] et entendit une voix qui disait :

巻き毛のリケ

　姉の王女さまの変わりようは、あちこちで話題になりました。近隣の若い王子さまたちは、だれもかれも王女さまに好かれるよう一生懸命で、そのほとんどが結婚を申し込んできました。残念ながら、王女さまはその中から十分な才知をもつ相手を見つけることはできませんでした。それでもある時、たいそう力があり、莫大なお金をもち、たいへん才気があって、目を見張るばかりの美しさをかねそなえた王子さまに出会い、ついに心を動かさずにはいられませんでした。しかし、才知があればあるほど、きっぱりと決断するのが困難になるものです。それで王女さまはじっくり考えることにしました。

　これからのことを落ち着いて考えようと、王女さまは森へ散歩に出かけました。偶然にもそこが巻き毛のリケに出会った森であることに、王女さまは気づきませんでした。物思いにふけって歩いていると、足元からなにやらざわざわと物音が聞こえてきました。どうも人が行ったり来たりしているようです。一体なにが行われているのでしょう？　王女さまがいっそう耳をそばだてると、こんな声が聞こえてきました。

Notes
1. métamorphose　女 変身
2. puissant　形 権力のある
3. indifférent　形 無関心な
4. songer à ...　間他動
　　（〜のことを）考える
5. avenir　男 将来
6. bruit sourd　男 鈍い物音
7. tendre l'oreille　耳をそばだてる

— Apporte-moi cette marmite[1].

Une autre disait :

— Donne-moi cette chaudière[2].

Puis, une autre :

— Mets du bois dans ce feu.

C'est à ce moment-là que la terre s'ouvrit soudainement par magie. La princesse vit sous ses pieds une grande cuisine pleine de cuisiniers, de marmitons[3] et de nombreux autres officiers[4] qui préparaient un magnifique festin[5]. Étonnée de ce spectacle, la princesse leur demanda pour qui ils travaillaient.

— C'est, Madame, pour le prince Riquet à la houppe qui tiendra ses noces[6] demain, répondit l'homme qui semblait être le plus important.

La princesse se souvint alors de la promesse qu'elle avait faite au prince il y a tout juste un an. La surprise était telle que la princesse tomba de son haut. Depuis qu'elle possédait de l'esprit, elle avait complètement oublié ses sottises[7] passées. Elle ne se souvenait même plus qu'elle avait promis, sans réfléchir, d'épouser Riquet à la houppe.

巻き毛のリケ

「その鍋を持ってこい。」
別の声はこう言いました。
「その釜をくれ。」
また別の声は言いました。
「こっちの火に薪をくべろ。」
とその時、魔法のように突然地面が開きました。王女さまはその足元にたくさんの料理人や見習いコック、そのほかにも大勢の係の者が豪華な宴会の用意をしている大きな調理場を目のあたりにしました。その光景に驚いた王女さまは、その者たちに一体だれのために働いているのかと尋ねました。

「王女さま、これは明日ご婚礼の儀を挙げる巻き毛のリケ王子さまのためです」といちばん上役らしい男が答えました。

ちょうど1年前に王子さまと交わした約束のことを思い出した王女さまは、高いところから突き落とされたかのような衝撃を受けました。才知を手に入れてから、王女さまは過去の数々の愚かな言動をいっさい忘れてしまい、巻き毛のリケとの結婚をあっさり約束したことさえ憶えていなかったのです。

Notes
1. marmite 女 鍋
2. chaudière 女 釜
3. marmiton 男 見習いコック
4. officier 男 役人
5. festin 男 祝宴
6. noce 女 結婚式
7. sottise 女 愚かな言行

La princesse reprit sa marche, mais avant d'avoir fait trente pas, Riquet à la houppe apparut devant elle. Tel un prince qui va se marier, il était brave et magnifique :

— Me voici, Madame. Je suis ici pour tenir la promesse. Je suppose que vous êtes ici pour la même raison. Si vous m'accordez votre main, je serai le plus heureux de tous les hommes.

— Je dois vous avouer[1], répondit la princesse, que je n'ai pas encore pris ma décision. Et je crois que je ne pourrai jamais prendre la décision que vous souhaitez.

— Vous m'étonnez, Madame, lui dit le prince.

— Sûrement... J'imagine que si vous étiez un homme grossier[2] et sans esprit, j'aurais été bien embarrassée. Vous me diriez sans doute qu'une princesse tient toujours sa parole[3]. Mais vous... Vous n'êtes pas ce genre d'homme. Vous êtes l'homme qui a le plus d'esprit au monde. Je suis sûre que vous pouvez me comprendre. Vous savez que je n'étais qu'une sotte[4] lorsque nous nous sommes rencontrés. Même lorsque j'étais sotte, je ne pouvais pas me résoudre[5] à vous épouser. Maintenant, avec l'esprit que m'avez donné, la décision est encore plus difficile.

巻き毛のリケ

　王女さまは再び歩き出しましたが、30歩もしないうちに目の前に巻き毛のリケが現れました。結婚式に臨む王子さまらしく、たいへん凛々しく、立派に着飾っていました。

「ただいま参りました、王女さま。約束を果たしに参りましたよ。あなたもきっと同じ理由でいらしたのでしょう。ぼくと結婚していただけたら、ぼくはこの世のだれよりも幸せになれます。」

「正直に申し上げなければなりません」と王女さまは答えました。「実はわたくし、まだ決心がつかないのです。そして、きっとあなたが望むような答えはいつまでたっても出せないと思うのです。」

「それは心外です、王女さま」と王子さまは言いました。

「そうでしょうね…あなたがもし下品で才知のかけらもない方でしたら、わたくしは大変困ったことでしょう。『王女は約束をかならず守るものだ』とあなたはきっとそうおっしゃったでしょうね。でもあなたは…あなたは、そのような方ではありません。この世で最も才知にあふれたお方です。そんなあなたならきっとわたくしの気持ちを察してくださるはず、はじめてお会いしたとき、わたくしがおばかさんだったことはご存じでしょう。愚かだったあの時でさえ、あなたとの結婚に踏み切れませんでした。あなたから才知を授かった今、決心するのがいっそう難しくなってしまいました。

Notes
1. avouer　他動 告白する
2. grossier　形 下品な
3. tenir sa parole　約束を守る
4. sot(te)　名 ばか
5. se résoudre à ...　代動 〜を決心する

RIQUET À LA HOUPPE

Comment me résoudre aujourd'hui à une chose que je ne pouvais même pas envisager lorsque j'étais sotte ? Si vous souhaitiez vraiment m'épouser, il ne fallait pas me donner de l'esprit...

— Vous permettriez donc qu'un homme sans esprit vous fasse des reproches[1] ? reprit Riquet à la houppe. Pourquoi ne pas me permettre de vous faire ce même reproche, alors que tout le bonheur de ma vie en dépend[2] ? Est-ce que les personnes qui ont de l'esprit doivent nécessairement être plus désavantagées que celles qui n'en ont pas ? Vous qui avez tant[3] d'esprit maintenant, vous qui avez tant souhaité en avoir, pouvez-vous accepter un tel raisonnement[4] ? Mais, revenons à notre histoire. Mise à part[5] ma laideur, y a-t-il quelque chose qui ne vous plaise[6] pas chez moi ? Êtes-vous mécontente de ma naissance, de mon esprit, de mon humeur[7] et de mes manières[8] ?

— Pas du tout, répondit la princesse. J'aime tout cela.

— Alors, dit Riquet à la houppe, je vais être heureux, car grâce à vous je pourrai devenir l'homme le plus aimable du monde.

愚かだったころに決められなかったことを、今になってどうして決められるというのです？　本当に結婚したいと望んでいらしたのなら、わたくしに才知を与えてはいけなかったのです…。」

「それはつまり才知のない男が、あなたを非難するのは仕方がないと、そうおっしゃりたいのですか？」と巻き毛のリケが言いました。「なぜぼくは同じようにあなたを非難してはならないのです？　ぼくの一生の幸せそのものがこのことにかかっているというのに。才知のある者は才知のない者よりかならず不利な立場にいなければならないのでしょうか？　今や才知に恵まれているあなた、かつては才知をあれほどまでに望んでいたあなたが、そんな理屈が通ってもいいと言えるのですか？　それはそうと、話を戻しましょう。この醜い容姿以外に、ぼくのうちでお気に召さないところがなにかございますか？　ぼくの生まれや才知、性分や態度を不満に思っていらっしゃいますか？」

「とんでもないことでございます」と王女さまは答えました。「そのすべてが好きです。」

「それなら、ぼくは幸せになれます」と巻き毛のリケが言いました。「あなたのおかげで、この世で最も愛すべき者になれるのですから。」

Notes
1. reproche　男 非難
2. dépendre (de)　間他動 (の・に)しだいである
3. tant de + n.　とても多くの〜
4. raisonnement　男 論理、理屈
5. mis à part ...　〜以外に
6. plaire (à)　間他動 (の・に)気に入る
7. humeur　女 性分
8. manières　女・複 態度

— Mais comment cela est-il possible ?

— Simplement en m'aimant. Simplement en souhaitant que je sois l'homme le plus aimable. À ma naissance, une fée m'a fait le don de pouvoir rendre spirituelle la personne que j'aimerai, et la même fée vous a aussi fait le don de rendre beau celui que vous aimerez.

— Dans ce cas, dit la princesse, je souhaite de tout mon cœur que vous deveniez le prince le plus beau et le plus aimable du monde.

Aussitôt[1] ces mots prononcés, Riquet à la houppe devint, aux yeux de la princesse, l'homme le plus beau et le plus aimable qu'elle n'eut jamais vu.

Certaines personnes disent que ce n'est pas la magie de la fée, mais l'amour de la princesse pour le prince qui accomplit ce miracle. D'après elles, la princesse fut tellement touchée par[2] la persévérance[3], la discrétion[4] et les nombreuses qualités du prince, qu'elle ne vit plus ni la difformité[5] ni la laideur de son corps. Aux yeux de la princesse, sa grosse bosse[6] paraissait[7] comme un grand dos et son affreux boitement[8] comme une charmante posture penchée.

「でも、一体どうしたらそんなことが？」

「ただぼくを愛してくだされればいいのです。ただぼくが最も愛すべき人間になるよう、願ってくだされればいいのです。ぼくが生まれたとき、愛する人に才知を授ける力を妖精が与えてくれました。そのときの妖精は、あなたにも愛する者を美しくする力をお与えになったのです。」

「そういうことでしたら」と王女さまは言いました。「あなたがこの世で最も美しく愛すべき王子さまになられることを心から願います。」

その言葉を言い終えたとたん、巻き毛のリケは今まで見たことがないほど美しい愛すべき王子さまとして王女さまの目に映りました。

これについて、ある人たちはこんなことを言っています。これは、妖精の魔法ではなく王子さまを思う王女さまの愛が起こした奇跡なのだと。王子さまの辛抱強さや慎み深さや、そのほかのさまざまな魅力に心を強く打たれた王女さまは、王子さまの不格好で醜い容姿がまったく目に入らなくなったのだと。王女さまにとっては王子さまのひどい猫背は広い背中に見え、足を引きずって歩く姿も、かっこよく体を傾けているように見えたのだと。

Notes
1. aussitôt 副 すぐに
2. touché par ... 形 ～に心を打たれた
3. persévérance 女 辛抱強さ
4. discrétion 女 慎み深さ
5. difformité 女 ゆがみ、奇形
6. bosse 女（背骨の）こぶ
7. paraître + 属詞 /inf. 自動 ～のように見える
8. boitement 男 足が不自由なこと

Le prince louchait[1] parce qu'il était tout simplement gêné[2] de regarder droit dans les yeux la princesse qu'il aimait tant. Même son gros nez rouge semblait avoir quelque chose de martial[3] et d'héroïque[4].

Mais qu'importe ce que les gens racontaient. Sur-le-champ, la princesse promit d'épouser le prince dès qu'elle aurait eu l'accord de son père, le roi. Connaissant déjà les qualités de Riquet à la houppe et voyant que sa fille avait beaucoup d'estime pour[5] lui, le roi accepta l'union avec plaisir. Ainsi, le lendemain, on célébra les noces, comme l'avait prévu[6] Riquet à la houppe longtemps auparavant[7].

Fin

斜視なのは、深く愛する王女さまをまっすぐ見つめるのが、ただ恥ずかしかったせいなのだと。その大きな赤い鼻までもが、どこか男らしさと勇ましさを秘めているように見えたのだと。

人々の噂話はともかくとして、王女さまは、王である父君の同意を得たら王子さまと結婚することをその場で約束しました。王さまは巻き毛のリケの魅力については前から知っていたので、娘が王子さまをたいへん尊敬しているのが分かると、結婚を快く許しました。こうして、巻き毛のリケがずっと前から見通していたように、あくる日には婚礼を挙げることになりました。

おしまい

解説　17世紀のサロンは、政治、哲学や文学の議論、詩や物語の朗読とその批評をする貴族たちの社交の場であり、社交人としての素養を高めようと服装や礼儀作法、言葉づかいなどの洗練さを競い合う場所でもありました。サロンで自作を朗読披露していたペローも、この文学的な競い合いに積極的に参加しました。この物語の王子さまと王女さまの礼節を重んじ機知に富んだやり取りに、技巧を凝らすペローの意図が垣間見えます。

Notes

1. loucher 自動 斜視である
2. gêné 形 気まずい
3. martial 形 雄々しい
4. héroïque 形 英雄的な
5. avoir de l'estime pour ... 〜を尊敬している
6. prévoir 他動 予想する
7. auparavant 副 以前に

Conte du pêcheur et du voyageur

d'après Jeanne-Marie Leprince de Beaumont

Un pêcheur vivait une vie modeste[1] dans sa pauvre cabane[2] au bord d'une rivière. Comme il n'y avait pas grand-chose dans cette rivière, il se nourrissait[3] presque uniquement de pain et d'eau. Il était pourtant content de sa vie, car il ne souhaitait rien de plus.

Un jour, il eut envie d'aller voir la ville et organisa[4] son départ pour le lendemain. Pendant qu'il songeait[5] à son voyage, il rencontra un voyageur près de sa cabane. Le pêcheur invita de bon cœur[6] chez lui cet homme qui cherchait un endroit pour passer la nuit. Le pêcheur prépara le souper en chantant et en riant. Le voyageur envia[7] sa bonne humeur[8] :

— Que vous avez l'air[9] heureux ! J'aimerais tellement être comme vous.

— Avez-vous quelques soucis[10] ? demanda le pêcheur.

貧しくとも心満たされた人生を送る漁師が、ふと思いついて町へ出かけることにします。ところが、出発の前日、ある旅人と出会い、町での贅沢な暮らしぶりは目に毒だと忠告を受けます。
満ち足りた人生を探し求めるふたりの物語です。

漁師と旅人
ボーモン夫人による

ある漁師が、川辺の粗末な家で質素に暮らしていました。川ではたいした魚が釣れなかったため、ほとんどパンと水だけで生活していました。それでも、今以上の暮らしは望んでいなかったので、漁師は自分の生活に十分満足していました。

ある日、漁師はふと町を見たくなり、翌日、出発することにしました。旅のことをあれこれ考えていると、家の近くでひとりの旅人に出会いました。漁師は泊まる場所を探しているその男を快く家へ招き、歌い笑いながら夕食の準備をしました。そんな漁師の陽気な姿を、旅人はうらやましそうに眺めていました。
「ずいぶん幸せそうですね！ わたしもぜひあなたのようになってみたいものです。」
「なにか悩みでも抱えているんですかい？」と漁師は尋ねました。

Notes
1. modeste 形 質素な
2. cabane 女 小屋
3. se nourrir 代動 食べる
4. organiser 他動 準備する
5. songer à … 間他動
   （〜のことを）考える
6. de bon cœur 快く
7. envier 他動 うらやむ
8. humeur 女 機嫌
9. air 男 様子
10. souci 男 心配事

— J'étais marchand et je gagnais beaucoup d'argent, mais je ne pouvais jamais me reposer, car je craignais[1] toujours la faillite[2], ou que mes marchandises s'endommagent[3], ou bien encore que mes vaisseaux[4] coulent. Par la suite, je quittai ce travail pour acheter une charge[5] chez le roi, dans l'espoir de mener une vie plus tranquille. Le prince appréciait ma présence : je devins même son favori. Certes, la vie à la cour était luxueuse, mais je n'y trouvais pas la plénitude[6] que je recherchais. Je me sentais comme un esclave[7] à force de faire plaisir au prince. De plus, de récentes rumeurs[8] prétendaient[9] que le prince avait trouvé un second favori. L'idée de ne plus être son seul favori me chagrinait[10] beaucoup... Hier soir, je pleurais dans ma chambre, quand tout à coup un grand homme d'une physionomie agréable[11] apparut. Voici ce qu'il m'a dit : « Azaël, j'ai pitié[12] de ta misère. Si tu souhaites la tranquillité, renonce[13] à l'envie de la richesse et au désir des honneurs. Écoute bien ceci : quitte la cour et marche pendant deux jours. Après cela, reviens sur tes pas ; tu trouveras alors la joie et la tranquillité. » J'ai suivi ses conseils et j'ai déjà marché un jour entier.

「自分はもともと商人でして、かなり儲けていたんです。でも、もし破産してしまったら、もし品物が悪くなってしまったら、もし船が沈んでしまったらと、悪いことばかり考えていたので、一時も心が休まりませんでした。そのうち商売をやめて、もっとゆとりのある暮らしを求めて、王家から官職を買いました。王子さまはわたしのことを高く評価してくれて、王子さまのお気に入りにさえなったんですよ。たしかに宮廷での生活は贅沢でした。しかし、そこにわたしが求めていた満足な暮らしはありませんでした。来る日も来る日も、王子さまの機嫌をとっているうちに、自分が奴隷になっていくようでした。それに、つい最近王子さまが別のお気に入りを見つけたという噂を耳にしましてね。自分だけが特別ではなくなると思うと、ひどく悲しくなって…。それで昨夜、部屋で泣いていたんです。そこにいきなり感じのよさそうな大柄な男が現れて、こんなことを言ってきました。『アザエル、おまえの不幸が気の毒だ。平穏な暮らしを望むのなら、贅沢と名誉など欲してはならぬ。よく聞きなさい。宮廷を離れ2日間ひたすら歩き、そのあとでまたもとの場所へ戻るのだ。その時ようやくおまえは喜びと安らぎを見出すだろう』と。その助言のとおり、すでに丸1日歩きました。

Notes

1. craindre 他動 恐れる
2. faillite 女 破産
3. s'endommager 代動 損害を受ける
4. vaisseau 男 (大型の)船
5. acheter une charge (国王から)官職を買う
6. plénitude 女 (文)充実
7. esclave 名 奴隷
8. rumeur 女 噂
9. prétendre que … 他動 〜と主張する
10. chagriner 他動 悲しませる
11. physionomie agréable 女 感じのいい顔立ち
12. avoir pitié de … 〜を気の毒に思う
13. renoncer à … 間他動 〜を断つ

Je marcherai demain encore, mais je me demande si vraiment j'obtiendrai la quiétude[1] dont il parlait...

— Eh bien, après votre voyage, revenez donc ici, dans ma cabane, dit le pêcheur. J'aimerais constater votre guérison[2]. Moi-même, je vais partir demain en ville. Il doit y avoir tant de[3] choses à découvrir !

Azaël le voyageur prit un air interrogatif :

— Mais pourquoi ? Vous êtes satisfait de votre cabane en ce moment. Quand vous verrez les palais en ville, vous trouverez que votre cabane est bien petite et chétive[4]. Vous êtes content de vos habits actuellement. Mais quand vous verrez les beaux vêtements des gens riches là-bas, vous serez dégoûtés[5] des vôtres. Puisque vous êtes heureux maintenant, pourquoi voulez-vous devenir misérable ?

Malgré[6] les reproches[7] de son invité, le pêcheur partit pour la ville le lendemain comme prévu. Le voyageur continua également son chemin.

Au bout de deux jours, Azaël le voyageur revint à la cabane du pêcheur, sans avoir constaté aucun changement. Le pêcheur était, quant à lui, assis devant sa porte, la tête appuyée dans sa main.

漁師と旅人

明日もまた歩き続けるつもりです。しかし、あの男が言っていた心の平穏とやらが、はたして手に入るのかどうか、疑わしい…。」

「それじゃ、旅のあとでここに戻って来なさいな」と漁師は言いました。「あなたが立ち直った姿をぜひこの目でたしかめたいのです。自分も明日出かけるつもりなんですよ、町へ。今まで見たことがないようなものが、あそこにはたくさんあるんでしょうねえ！」

旅人アザエルは、首をかしげてこう言いました。

「一体なぜです？ あなたは今、この小屋で満足に暮らしています。でも、町の豪邸を目にしたら、この小屋がなんと小さく質素なのかと思うでしょう。あなたは今、着ているその服で十分と思っています。でも、向こうの金持ちの立派な服装を見たら、ご自分の服に嫌気が差すでしょう。今、幸せなのに、どうして不幸になろうとするのです？」

このように旅人に意見されたものの、漁師はあくる日には予定どおり町へと向かいました。旅人のほうも旅を続けました。

2日が過ぎ、その身になんの変化も起きないまま旅人アザエルは漁師の小屋へと戻ってきました。漁師は、玄関の前に座り込んで頭を抱えていました。

Notes
1. quiétude 女 平穏
2. guérison 女 回復、治癒
3. tant de + n. とても多くの〜
4. chétif 形（文）貧弱な
5. dégoûté de … 形 〜にうんざりした
6. malgré 前 〜にもかかわらず
7. reproche 男 非難

— À quoi pensez-vous ? demanda Azaël.

— Je pense que je suis très malheureux. Je ne comprends pas pourquoi Dieu a voulu que je sois si pauvre alors qu'il y a tant de monde riche et content !

À ce moment-là, l'homme mystérieux, qui était apparu devant Azaël, se montra de nouveau, cette fois-ci devant le pêcheur. Cet homme était en fait un ange.

— La vue de la richesse de la ville a fait naître de l'avarice[1] et de l'ambition[2] chez toi. Modère[3] tes désirs et tu retrouveras la joie et la paix.

Mais le pêcheur ne l'écoutait pas. Il souhaitait coûte que coûte[4] être dans une meilleure situation. Alors, l'ange trancha[5] :

— Si tu t'obstines[6] ainsi, Dieu t'accordera[7] trois souhaits. Tu peux souhaiter ce que tu veux, mais crois-moi, tu le regretteras.

Réjoui[8], le pêcheur prononça ses trois souhaits :

— Que ma cabane soit changée en un palais, que la rivière soit changée en une mer et que ma petite barque soit changée en un vaisseau chargé d'or et de diamants !

漁師と旅人

「なにを考え込んでいるのですか？」とアザエルは尋ねました。

「自分はなんと不幸な人間なのだろう、と考えていたんです。世の中には、裕福でありながら幸せな人たちがたくさんいるのに、どうして神さまは、よりによってわたしをこんなに貧乏にしたのでしょう？」

そのとき、以前アザエルの前に現れた謎の男が今度は漁師の前に姿を見せました。この男、実は天からの使者だったのです。

「町の贅沢な暮らしを目の当たりにして、おまえは貪欲と功名心に目覚めた。節度を守りなさい。そうすれば、喜びと平穏を取り戻すだろう。」

しかし漁師は聴く耳を持とうとしません。なにがなんでも今よりもよい境遇を望んでいたのです。そんな漁師に、天使はついに裁断を下しました。

「そこまでこだわるのなら、神さまがおまえの願いを三つ叶えてくださろう。好きなことをなんでも願うといい。だが、おまえは必ずや後悔するだろう。」

すっかり気を取り直した漁師は、さっそく三つの願い事をしました。

「どうかこのあばらやを豪邸にかえてください。どうかこの川を海にかえてください。そして、どうかこのちっぽけなボートを金やダイヤモンドをどっさり積んだ船にかえてください！」

Notes

1. avarice　女(古)貪欲
2. ambition　女 野心
3. modérer　他動 控え目にする
4. coûte que coûte　どんな犠牲を払ってでも
5. trancher　自動 決断する
6. s'obstiner　代動 強情を張る
7. accorder　他動 許可する
8. réjoui　形 うれしそうな

Les souhaits furent exaucés[1] instantanément et le pêcheur courut à son vaisseau pour y admirer la richesse nouvellement obtenue. Mais à peine y fut-il monté, qu'un grand orage se leva et vint engloutir[2] le navire en un rien de temps. Le pêcheur, qui ne put atteindre[3] le rivage[4], fut également emporté.

L'ange s'adressa au voyageur :

— Vois-tu, Azaël ? La cour où tu vis actuellement est comme cette mer avec ses tempêtes et ses naufrages[5]. Gagne[6] le rivage avant qu'il ne soit trop tard.

Effrayé, Azaël promit d'obéir à l'ange. Il quitta bientôt la cour et s'installa à la campagne où il se maria avec une fille vertueuse[7]. Au lieu d'accumuler[8] des richesses, il se contenta de vivre dans la modestie et partagea ses biens[9] avec les pauvres. Ainsi, il vécut heureux en remerciant chaque jour Dieu de l'avoir guéri de l'avarice et de l'ambition.

Fin

漁師と旅人

　願いはすぐさま叶えられ、漁師は船へと駆けつけ、手に入れたばかりの富をうっとりと眺めました。ところが、船に乗り込むやいなや、すさまじい嵐が巻き起こり、あっという間に船を呑み込んでしまいました。岸へたどり着けずに漁師も流されてしまいました。

　天使は旅人に向かってこう言いました。

　「ごらん、アザエルよ。今おまえがいる宮廷はまさに、嵐や難破が起こるこの海と同じなのだよ。手遅れになる前に岸を目指すのだ。」

　恐れおののいたアザエルは、天使に従うことを誓い、まもなく宮廷を去りました。そして、田舎に落ち着き、徳の高い娘と結婚しました。儲けることよりもつつましく生きることを選び、貧しい者に富を分け与えました。こうして旅人は、貪欲と功名心から救ってくれた神さまに毎日感謝しながら、幸せに暮らしました。

　　　　　　　　　　　　　　　　　　おしまい

解説 絶対王政期のフランスでは、売官制度を通じて国王役人の地位を購入することが可能でした。旅人は、この制度を利用して宮廷で特別な権限と収入を得、安定した暮らしを送るつもりだったようです。15世紀末から始まったこの制度は、王政が崩壊するフランス革命(1789年)をもって廃止されました。

Notes
1. exaucé　形 (願いが)叶った
2. engloutir　他動 呑み込む
3. atteindre　他動 到達する
4. rivage　男 海岸
5. naufrage　男 難破
6. gagner　他動 たどり着く
7. vertueux　形 徳のある
8. accumuler　他動 (富を)蓄える
9. bien　男 財産

Conte des trois souhaits

d'après Jeanne-Marie Leprince de Beaumont

Il était une fois un homme qui vivait modestement[1] avec son épouse. Un soir d'hiver, le couple, installé au coin du feu[2], discutait de la vie heureuse que menaient[3] leurs voisins qui étaient plus riches qu'eux.

— Si seulement je pouvais avoir tout ce que je désire, je serais plus heureuse que n'importe qui, soupirait[4] la femme.

Le mari était du même avis :

— Moi aussi, je rêve d'être au temps des fées... J'y trouverais une bonne fée qui réaliserait tous mes souhaits.

À cet instant, une très belle dame, qui semblait[5] sortir du pays des fées, apparut dans leur chambre :

— Je suis une fée et je vous promets d'exaucer[6] trois de vos vœux[7]. Mais attention, il s'agit seulement de trois souhaits. Réfléchissez bien, car je ne vous accorderai[8] rien d'autre.

もしも欲しいものがなんでも手に入ったら…そう願う夫婦のもとに妖精が現れ、願いを三つだけ叶えてあげると告げます。妻がうっかり口にした願い事に怒った夫は、愚かな願い事を口走ってしまいます。残る願い事はあと一つだけ…。

三つの願い
ボーモン夫人による

あるところに、つつましく暮らす夫婦がいました。冬のある晩、ふたりは暖炉のそばに腰を掛け、自分たちより裕福なお隣さんの幸せな暮らしぶりについて話していました。

「欲しいものがなんでも手に入ったらいいのに。そうしたら誰よりも幸せになれるわ」と妻がこぼしました。

夫も同じ意見でした。

「そうだなあ。妖精がいた時代に行けたらなあ…どんな願いも叶えてくれる善良な妖精をそこで見つけるんだがなあ。」

その時です。まるでおとぎの国から出てきたようなたいへん美しい女性が部屋に現れたのは。

「わたくしは妖精です。あなた方の願いを三つ叶えると約束しましょう。ただし、くれぐれも気をつけて、願いはたったの三つですからね。それ以上はなにも与えませんから、じっくりお考えなさい。」

Notes
1. modestement 副 質素に
2. coin du feu 男 炉端
3. mener (une vie) 他動（生活を）送る
4. soupirer 他動 ため息まじりに言う
5. sembler + *inf.* 自動（〜ように）思われる
6. exaucer 他動（願いを）叶える
7. vœu 男 願い
8. accorder 他動 与える

Sur ces mots, la fée disparut sans laisser de trace. Le couple resta très confus face à cette apparition miraculeuse. Une fée qui réalisera trois souhaits ! Mais que pourrait-on donc lui demander ?

La femme prit la parole[1] la première :

— Moi, je sais ce qui serait bien : être une personne de qualité[2], belle et riche.

— Mais, répliqua[3] le mari, cela ne nous empêcherait[4] pas d'être malade, d'avoir du chagrin et de mourir jeune. Ce serait mieux de souhaiter une bonne santé, de la joie et une longue vie, non ?

— Une longue vie, dis-tu ? Pourquoi vivre longtemps si l'on reste pauvre ? On serait malheureux plus longtemps, c'est tout.

— Hum... Le choix n'est pas facile. Prenons le temps de réfléchir.

— C'est ça, je vais y penser toute la nuit. Entretemps, réchauffons-nous, car il fait froid, répondit la femme en prenant les pincettes[5] pour raviver[6] le foyer[7]. En observant les charbons[8] bien allumés, elle marmottait[9] :

— Quel bon feu ! J'aimerais bien une aune[10] de boudin[11] pour notre dîner. Je suis sûre que ça nous réconforterait[12].

三つの願い

　そう言って妖精は忽然と消えました。この奇跡のような出来事に夫婦はすっかり動転しました。三つの願いを叶えてくれる妖精とは！しかし一体なにをお願いしたらよいのでしょう？

　妻が最初に切り出しました。
「なにがいいか決まっているわ。いい身分、美しい容姿、そしてお金よ。」
「でも」と言い返す夫。「それじゃ、病気になったり、悲しんだり、早死にしないとも限らないじゃないか。それよりも、健康と喜びと長生きを願ったほうがいいと思わないかい？」
「長生きですって？貧しいまま長生きする意味があるっていうの？いつまでたっても苦労するだけだわ。」
「うーむ…選ぶのは難しいな。時間をかけて考えよう。」
「そうね。わたし夜じゅう考えるわ。とりあえず、寒いから温まりましょう」と妻は暖炉の火をかき立てようと、火挟みを取りながら言いました。赤々と燃える石炭を見つめながら、妻はこうつぶやきました。
「なんて良い火加減…晩ご飯には1オーヌぐらいの長いブーダンが欲しいものね。心まで温めてくれるに違いないわ。」

Notes
1. prendre la parole　発言する
2. personne de qualité　女（古）身分の高い人
3. répliquer　自動 口答えする
4. empêcher　他動 防ぐ
5. pincettes　女・複 火挟み
6. raviver (le feu)　他動（火を）かき立てる
7. foyer　男 暖炉、炉の火
8. charbon　男 石炭
9. marmotter　自動 つぶやく
10. aune　女（古）長さの単位＝約1.2メートル
11. boudin　男 豚の血と脂で作る腸詰
12. réconforter　他動 励ます、力づける

À peine[1] eut-elle achevé ces paroles qu'une aune de boudin tomba par la cheminée.

— Quelle idiotie[2], grande gourmande[3] ! s'écria[4] son mari en colère. Tu as gaspillé[5] notre premier souhait pour du boudin. Il ne nous reste plus que deux souhaits. Si c'est ainsi, je voudrais que tu aies le boudin au bout du nez !

Ce n'est qu'après avoir prononcé ces mots que l'homme se rendit compte de sa bêtise[6]. Trop tard ! Par ce second souhait, le boudin sauta au bout du nez de sa femme. La femme, épouvantée[7], s'exclama[8] à son tour :

— Quelle méchanceté[9] ! Me voilà maintenant avec un boudin au nez.

L'homme essaya de calmer sa femme :

— Je te jure[10] que je ne l'ai pas fait exprès[11]. Écoute, voilà ce que nous pourrions faire : je vais souhaiter qu'on soit très riche et je te ferai un étui[12] d'or pour cacher ce boudin.

— Pas question ! Je préfère mourir plutôt que de vivre avec ce boudin au nez. Laisse-moi faire le dernier souhait ou je vais me jeter[13] par la fenêtre.

En voyant sa femme courir à la fenêtre, l'homme cria :

三つの願い

　言い終えるか終わらないかのうちに、1オーヌの長いブーダンが煙突から落ちてきました。

　「なんてばかなことを、この食いしん坊！」夫は怒鳴り声を上げました。「ブーダンなんかで一つ目の願いを台無しにしやがって。これで願い事はあと二つだけになっちまった。ええい、こうなったらブーダンがおまえの鼻にくっついちまえばいい！」

　そう口にした直後、夫は自分の過ちに気づき、はっとしました。しかし、時すでに遅し！　二つ目の願い事によって、ブーダンは妻の鼻にとび移りました。今度は慌てふためく妻が叫ぶ番です。

　「なんて意地悪をするの！　鼻にブーダンがくっついてしまったじゃないの。」

　「信じてくれ、けっしてわざとやったわけじゃないんだ」と男は妻をなだめようとしました。「そうだ、こうしたらどうだろう。大金持ちになりたいとお願いして、そのブーダンが隠せるように黄金の入れ物を作ってあげるよ。」

　「冗談じゃないわ！　鼻にブーダンがついたまま生きていくくらいなら、死んだほうがましよ。私に最後の願い事をさせて。さもないと窓から身を投げるわよ。」

　窓に駆けよる妻を見て、夫は叫びました。

Notes

1. à peine A que + *ind.* Aするやいなや
2. idiotie 女 愚かな言動
3. gourmand(e) 名 食いしん坊
4. s'écrier 代動 大声で言う
5. gaspiller 他動 無駄づかいする
6. bêtise 女 軽率な言動
7. épouvanté 形 恐怖にかられた
8. s'exclamer 代動 叫ぶ
9. méchanceté 女 意地悪な行為
10. jurer 他動 誓う
11. faire exprès わざとする
12. étui 男 容器
13. se jeter 代動 身を投げる

— Ne fais pas ça, ma chère femme ! Tu peux souhaiter tout ce que tu voudras, mais ne t'enlève pas la vie !

— Bon, eh bien, dit la femme. Je souhaite que ce boudin tombe à terre.

Aussitôt dit, le souhait fut exaucé.

— Ouf, soupira la femme rassurée[1]. Je crois que la fée s'est moquée[2] de nous, mais elle a eu raison. Peut-être serions-nous plus malheureux que maintenant si nous étions riches. Mon cher mari, ne souhaitons rien et acceptons humblement[3] ce que Dieu nous accorde. En attendant, dînons avec notre boudin, puisque c'est tout ce qu'il nous reste de nos souhaits.

— Tu as raison, ma chère.

Le couple profita[4] ainsi d'un joyeux dîner sans plus s'embarrasser[5] de souhaits trop ambitieux.

Fin

三つの願い

「ばかなまねはよせ、愛しい妻よ！ なんでも好きなことを願っていいから、命だけは投げ出さないでおくれ！」

「いいわ」と妻。「じゃ、このブーダンがすっかり取り除かれることを願うわ。」

願いはすぐさま叶えられました。ほっとして妻は言いました。「やれやれ。どうやら妖精は私たちをからかったみたいね。でも、それが正しかったわ。だってお金持ちになったら、今よりもっと不幸になっていたかもしれないもの。愛しいあなた、もうなにも願おうとしないで、神さまが与えてくださるものをありがたく頂くことにしましょう。とりあえずは、ブーダンで晩ご飯にしましょう。願い事で残ったのは、これだけなのだから。」

「まったくおまえの言うとおりだよ、愛しい妻よ。」

こうして夫婦はそれ以上欲深い願い事など気にかけることなく、愉しく晩ご飯を食べることができました。

おしまい

解説　牧畜の盛んなフランスでは、家畜を無駄なく利用する食べ物としてブーダンが古くから作られてきました。豚の血と脂を香草とあわせて腸詰にしたこのソーセージは、「ふくれ上がった」の間投詞 ba-da が語源と考えられています。動詞 bouder（ふくれっ面をする）も boudin から転訛されたそうで、ブーダンが鼻から垂れ下がって、不満げな顔をする妻のイメージと、どこか重なります。

Notes
1. **rassuré** 形 安心した
2. **se moquer de ...** 代動 〜をからかう
3. **humblement** 副 うやうやしく
4. **profiter de ...** 間他動 〜を利用する
5. **s'embarrasser de ...** 代動 〜を気にかける

作家紹介と物語の背景

シャルル・ペロー (Charles Perrault 1628-1703)

パリのブルジョワ家庭に生まれ、若い頃から文学に興味を示したペローは、弁護士の資格を取得したものの、法廷に立つことはほとんどなく、ルイ14世の宮廷で王室建築営繕総監に就任。国立学術団体アカデミー・フランセーズの会員に選ばれますが、職業としての作家を志すことなく、文学の技量を競い合うサロンで自作を発表し続けます。

古典尊重の文芸思潮に反発し、近代人の優越性を主張したペローは、民間伝承から生まれた物語をもとにおとぎ話を執筆。1697年には本書の4話が収載された『寓意のある昔話、またはコント集～ガチョウおばさんの話』(*Histoires ou contes du temps passé avec des moralités : Contes de ma mère l'Oye*) を発表しました。フランスの民話を下敷きにすることで、古代ギリシャ・ローマの権威を否定し、自国の文化と言語の優位性をアピールしました。

ボーモン夫人 (Jeanne-Marie Leprince de Beaumont 1711-1780)

ルーアンの中流階級の家庭に生まれ、イギリスとフランスで貴族階級の家庭教師として働き、生涯を通じて教育事業に力を注ぎました。

17世紀末以降、フランスでは児童のみを対象にした読み物が本格的に生み出されるようになりますが、ボーモン夫人は1757年に『子供の雑誌』(*Magasin des enfants*) に作品を発表し、大変な人気を博しました。

本書では、その雑誌に収載された2話を紹介しています。夫人は代表作『美女と野獣』をはじめ、既存の物語をもとに執筆し、子供にとって不適切とされる内容を編集。知識や道徳を教える教育的寓話に、読みやすさと親しみやすさを与えました。ペローの昔話に特に関心があったようで、『三つの願い』は、ペロー作『愚かな願い』(*Les Souhaits ridicules*) をもとに書いています。

フランス各地の
民話編

どこか懐かしさを感じる昔話。
滑稽な話、悲しい話、恐ろしい話。
語りつがれてきた話が、あなたを
古(いにしえ)のフランスへといざなってくれます。

Les Trocs de Jean-Baptiste
recueilli par Emmanuel Cosquin

Jean-Baptiste vivait avec sa femme Marguerite. Un jour, Marguerite dit à son mari :

— Jean-Baptiste, notre voisin troque[1] ses biens[2] sans arrêt et gagne beaucoup d'argent. Pourquoi ne ferais-tu pas comme lui ?

— Mais, répondit Jean-Baptiste, si je ne réussis pas, tu te fâcheras[3].

— Non, non, on ne peut pas toujours gagner dans la vie. Nous avons une vache, tu pourrais la vendre.

Ainsi, Jean-Baptiste partit vendre leur vache. Sur le chemin, il rencontra un ami avec sa chèvre[4].

— Où vas-tu avec ta vache, Jean-Baptiste ?

— Je vais vendre ma vache pour avoir une chèvre.

— Ne va pas si loin, tiens, voici justement une chèvre.

物々交換でお金儲けを試みるジャン=バティスト。雌牛がヤギに、ヤギがガチョウに、ガチョウが雄鶏に……。この調子で本当にお金儲けができるのでしょうか？
フランス北東部ロレーヌ地方に伝わる民話です。

おかしな物々交換
（原題：ジャン=バティストの物々交換）

エマニュエル・コスカンによる記録

　ジャン=バティストは、妻マルグリットと暮らしていました。ある日マルグリットは、夫に言いました。
「ねえジャン=バティスト、お隣さんはしょっちゅう物々交換をしてかなり儲けているわ。あなたもちょっと試してみたら？」
「でも、うまくいかなかったら腹を立てるだろう？」とジャン=バティスト。
「いいえ、人生いつも成功するとは限らないんだし。雌牛がいるんだから、売ってきたらどう？」

　こうしてジャン=バティストは雌牛を売りに行くことにしました。途中、ヤギを連れた友人に会いました。
「雌牛を連れてどこへ行くんだい、ジャン=バティスト？」
「ヤギを手に入れるために雌牛を売りに行くんだ。」
「そう遠くへ行くことはないさ。ほら、ちょうどここにヤギがいるよ。」

Notes
1. troquer 他動 物々交換する
2. bien 男 財産
3. se fâcher 自動 腹を立てる
4. chèvre 女 ヤギ

Comme proposé par son ami, Jean-Baptiste troqua sa vache contre la chèvre et continua son chemin.

Plus loin, il rencontra une autre personne de connaissance[1] qui portait une oie[2] dans sa hotte[3].

— Jean-Baptiste, où vas-tu avec ta chèvre ?

— Je vais la vendre pour avoir une oie.

— Eh bien, en voici une.

Après avoir échangé[4] les bêtes, Jean-Baptiste reprit la route.

Plus tard, il rencontra encore un ami. Celui-ci tenait un coq[5].

— Où vas-tu donc, Jean-Baptiste ?

— Je vais vendre mon oie pour obtenir[6] un coq.

— Ce n'est pas la peine d'aller plus loin. Tiens, voici mon coq.

Jean-Baptiste donna son oie et récupéra le coq.

Arrivé à la ville, il vit dans la rue une femme en train de ramasser[7] du crottin[8]. Il lui demanda :

— Madame, est-ce que vous gagnez beaucoup en faisant ce métier[9] ?

— Oui, assez.

おかしな物々交換

　ジャン＝バティストは、友人の言うとおりに雌牛とヤギを交換し、再び歩き出しました。
　しばらく行くと、今度は背負い籠にガチョウを入れた別の知人に会いました。
「ジャン＝バティスト、ヤギを連れてどこへ行くんだね？」
「ガチョウを手に入れるために売りに行くんだ。」
「ガチョウなら、ここにいるよ。」
　家畜を交換すると、ジャン＝バティストはさらに歩き出しました。

　しばらくすると、また別の知り合いに出会いました。知り合いは雄鶏を抱えていました。
「一体どこへ行くんだい、ジャン＝バティスト？」
「雄鶏を手に入れるためにガチョウを売りに行くんだ。」
「これ以上先へ行く必要はないよ。ほら、ぼくの雄鶏をやるよ。」
　ジャン＝バティストはガチョウを渡し、雄鶏を受け取りました。

　町に着くと、道で糞を拾っている女を見かけました。ジャン＝バティストは尋ねました。
「すみません、その仕事は儲かるんですか？」
「ええ、十分にね。」

Notes
1. personne de connaissance 　女 知人
2. oie 　女 ガチョウ
3. hotte 　女 背負い籠
4. échanger 　他動 交換する
5. coq 　男 雄鶏
6. obtenir 　他動 得る
7. ramasser 　他動 拾い集める
8. crottin 　男 糞
9. métier 　男 職業、仕事

— Ah bon. Voulez-vous échanger un crottin contre mon coq ?

— Volontiers[1], répondit la femme.

Avec son crottin, Jean-Baptiste se rendit[2] sur le champ de foire[3] où il trouva son voisin.

— Tiens ! Jean-Baptiste, est-ce que tu fais des affaires[4] ?

— Pas vraiment. J'avais une vache. Je l'ai échangée contre une chèvre. La chèvre, je l'ai échangée contre une oie. J'ai ensuite échangé mon oie contre un coq. Finalement, j'ai donné mon coq pour un crottin.

— Que tu es idiot[5] ! Mais que dirait ta femme si elle savait ? Elle te disputerait[6] !

— Oh, ne t'inquiète pas. Marguerite ne dira rien.

— Ah oui ? En es-tu sûr ? Parions[7] ! Si elle te gronde[8], tu me donneras deux cents francs. Sinon, je te les paierai.

Jean-Baptiste accepta le pari et retourna à son village avec son voisin. Sa femme l'attendait à la maison :

— Te voilà, Jean-Baptiste, as-tu fait des affaires?

「へえ、そうですか。糞をひと塊、ぼくの雄鶏と換えてくれませんかね？」
「喜んで」と女は答えました。

ジャン＝バティストは糞を持って市の立つ広場へと向かいました。そこでお隣さんに出会いました。
「おお、ジャン＝バティストじゃないか。どうだい、商売のほうはうまくいっているかい？」
「あんまり。持っていた雌牛をヤギと交換して、そのヤギをガチョウと換えたんだ。それからガチョウを雄鶏に換えて、最後はその雄鶏と糞の塊を交換したよ。」
「なんてばかなんだ！ それを知ったら、おかみさんはなんと言うか。かんかんに怒られるぞ！」
「心配ご無用だ。マルグリットは何も言わないさ。」
「へえ、それは確かなのかい？ 賭けようじゃないか！ マルグリットが怒ったらぼくに200フラン。怒らなければぼくがその200フランをおまえさんに払おう。」

ジャン＝バティストは賭けに応じ、お隣さんと共に村へ帰りました。家では、マルグリットが帰りを待っていました。
「お帰り、ジャン＝バティスト。取引きはうまくいったの？」

Notes
1. **volontiers** 副 喜んで
2. **se rendre** 代動 行く
3. **champ de foire** 男 市の立つ広場
4. **affaires** 女・複 商売
5. **idiot** 形 愚かな、ばかな
6. **disputer** 他動 （話）叱る
7. **parier** 他動 賭ける
8. **gronder** 他動 叱る

— Je n'ai pas fait grand-chose[1]. J'ai échangé notre vache contre une chèvre.

— Tant mieux[2]. Il n'y avait pas assez de fourrage[3] chez nous pour nourrir[4] une vache.

— Il y a une suite. La chèvre, je l'ai échangée contre une oie.

— Tant mieux encore. Ses plumes[5] nous permettront de faire un bon lit douillet[6].

— Ce n'est pas fini. J'ai ensuite échangé l'oie contre un coq.

— Très bien. Nous aurons de la plume pour longtemps.

— Ce n'est pas tout. J'ai finalement échangé le coq contre un crottin.

— C'est excellent ! Nous mettrons le crottin au plus bel endroit de notre jardin. Nous pourrons faire un beau bouquet avec les fleurs qui y pousseront.

Le voisin entendit toute la conversation et fut ainsi obligé[7] de payer les deux cents francs.

Fin

おかしな物々交換

「大したことはなかったよ。雌牛をヤギと交換したんだ。」

「それはよかったわ。うちには雌牛を育てるだけの餌がなかったからね。」

「まだ続きがあってね。そのヤギはガチョウと交換したんだ。」

「それもいいわね。その羽根でふかふかのベッドがこしらえられるもの。」

「まだまだ。そのあと、ガチョウを雄鶏と換えたんだ。」

「とてもいいわ。しばらくの間、羽根に困らないわね。」

「それだけじゃないんだ。最後は、雄鶏を糞と換えたんだ。」

「まあ、すてき！その糞をお庭のいちばんいい所に埋めましょう。そこで育ったお花で、きれいな花束が作れるわ。」

このやり取りの一部始終を耳にしたお隣さんは、こうして200フランを払うはめになりました。

おしまい

解説 フランスで本格的な民話記録に取り組んだコスカンは、民話の起源についても研究し、『おかしな物々交換』の類話をドイツやロシアなど、ほかの地域でも確認しています。この物語では、交換した対象が一見損なものや価値のないものであっても、ありがたく受け入れる妻の物の見方が印象深いですね。物々交換を意味する troc は、交換が成立したときの握手で出る音 trokk！が語源ではないかと言われています。

Notes

1. grand-chose 名 大したもの（こと）
2. tant mieux それはよかった
3. fourrage 男 飼い葉、まぐさ
4. nourrir 他動 食べさせる
5. plume 女 羽根
6. douillet 形 ふんわりした
7. obligé de + *inf.* 〜せざるを得ない

Le Renard et le Loup

recueilli par Jean-François Bladé

Un jour, alors que le Renard et le Loup voyageaient ensemble, ils trouvèrent un pot de miel[1] sur le chemin.

— Ça tombe bien, se réjouit[2] le Renard. Loup, si tu veux bien me croire, nous enterrerons[3] ce pot ici et nous le partagerons lorsque nous reviendrons de voyage.

— Mais oui. — Le Loup fut d'accord — Nous nous régalerons[4] au retour.

Ainsi, le Renard et le Loup enterrèrent le pot de miel puis reprirent leur chemin. Mais lorsqu'ils eurent fait cinq cents pas, le Renard s'arrêta soudainement[5].

— Mon Dieu ! Où avais-je la tête ? J'avais oublié que je devais assister à un baptême[6] aujourd'hui. En plus, c'est moi qui suis le parrain[7]. — Puis se tournant vers son compère[8], il dit — Pars en avant, je te rattraperai[9] quand la cérémonie sera terminée.

キツネとオオカミはある日ハチミツの壺を見つけますが、狡賢い(ずるがしこ)キツネはハチミツを独り占めできないかと悪知恵を働かせます。
『赤ずきんちゃん』に出てくるオオカミとは打って変わって、のんびり屋のオオカミがだまされる、南西部ガスコーニュ地方に伝わる民話です。

ハチミツの洗礼

(原題：キツネとオオカミ)

ジャン＝フランソワ・ブラデによる記録

　キツネとオオカミが共に旅をしている日のことです。道中、ふたりはハチミツが入った壺を見つけました。

　「これは、ちょうどいい」と喜ぶキツネ。「オオカミ殿、おいらのことを信用してくれるなら、この壺をここに埋めて旅から戻ったときに山分けしよう。」

　「それはいい」と賛成するオオカミ。「帰りにいただこう。」

　こうしてキツネとオオカミはハチミツが入った壺を埋めて再び出発しましたが、500歩行ったところで、キツネはいきなり立ち止まりました。

　「しまった、ぼうっとしていた！　今日は洗礼式に立ち会わなければいけなかったんだ。しかも、おいらが名付け親の役目を仰せつかっているんだ。」そして相棒のほうを向いて、こう言いました。「先に行っててくれ。式が終わったら追いかけるから。」

Notes
1. miel 男 ハチミツ
2. se réjouir 代動 喜ぶ
3. enterrer 他動 埋める
4. se régaler 代動 （おいしいものを）食べる
5. soudainement 副 突然
6. baptême 男 洗礼、洗礼式
7. parrain 男 代父、名付け親
8. compère 男 (古) 相棒
9. rattraper 他動 追いつく

— Dans ce cas, d'accord. Retrouvons-nous tout à l'heure.

Tandis que[1] le Loup allait de l'avant, le Renard fit demi-tour. En fait, il courut, non pas à l'église, mais à l'endroit où ils avaient enterré le pot de miel pour l'entamer[2]. Il ne fallut que cinq minutes pour qu'ensuite il rejoigne[3] le Loup.

— Eh bien, Renard, ce baptême a été bien rapide.

— C'est vrai, Loup.

— Je suis curieux de savoir quel nom tu as donné à ton filleul[4].

Le Renard répondit de son air malicieux[5] :

— Entamé, voilà son nom.

Les deux compères reprirent leur chemin ensemble.

Mais, cinq cents pas plus loin, le Renard interrompit[6] de nouveau sa marche pour s'exclamer avec exagération[7] :

— Oh ! là, là ! Qu'est-ce que je suis tête en l'air[8] ! J'avais oublié qu'on m'attendait pour un autre baptême aujourd'hui. C'est pourtant moi qui suis le parrain. — Il s'adressa[9] alors au Loup.

「そういうことなら、わかったよ。後で合流しよう。」

オオカミが先を歩いている一方で、キツネは回れ右をしました。実はキツネは教会ではなく、ハチミツに手をつけるために壺を埋めた場所へ走って行ったのでした。その後、わずか5分ほどでオオカミの元へ引き返してきました。
「おや、キツネ殿、けっこう手短な洗礼式だったんだね。」
「そのとおりだよ、オオカミ殿。」
「代子にどんな名をつけたのか、ぜひ聞かせておくれ。」
キツネはいたずらっぽくこう答えました。
「食べ始め、それがその子の名だよ。」

ふたりは再び一緒に進みました。
ところが、500歩行ったところでキツネはまた立ち止まり、大げさな声を上げて言いました。
「いやはや、おいらはなんてうっかり者なんだ！ 今日はもうひとつ別の洗礼式に出席しなければならなかったのを忘れていた。おいらが名付け親だっていうのに。」 そしてオオカミに向かって、こう言いました。

Notes
1. tandis que ...　～する間に
2. entamer　他動 手をつける
3. rejoindre　他動 追いつく、合流する
4. filleul　名 代子（洗礼名を受ける子）
5. malicieux　形 いたずらな
6. interrompre　他動 中断する
7. avec exagération　誇張して
8. être tête en l'air　うっかりしている
9. s'adresser à ...　代動 ～に話しかける

— Loup, continue ta route, je te rejoindrai dès que[1] le baptême sera terminé.

— Entendu, à tantôt[2].

Pendant que le Loup avançait, sans se soucier[3] de rien, le Renard retourna à vive allure[4] vers la cachette[5] du pot de miel : cette fois-ci, il engloutit[6] le miel jusqu'à la moitié du pot. Cinq minutes plus tard, il avait rattrapé son camarade. Celui-ci fut encore une fois surpris de la vitesse à laquelle le baptême s'était déroulé[7].

— Tout à fait, ça n'a pas été long, dit le Renard.

— Alors, dis-moi, quel est donc le nom de ton autre filleul ?

— Je lui ai donné le nom d'À-moitié.

De nouveau, ils poursuivirent[8] leur chemin ensemble. Au bout de cinq cents pas, le Renard s'arrêta brusquement[9].

— Ce n'est pas possible d'être aussi distrait[10] ! Je viens de me rappeler qu'on avait besoin de moi pour un autre baptême. En tant que[11] parrain, je dois m'y présenter. — Puis il se tourna vers le Loup. — Continue le chemin sans m'attendre. Ça ne sera pas long.

「オオカミ殿、先へ行ってくれ。洗礼式が終わりしだい合流するから。」

「了解、じゃまた後で。」

　オオカミがなんの疑いもなく先を進んでいる後ろで、キツネはハチミツの壺の隠し場所へすばやく引き返し、今度はハチミツを半分までゴクゴクと呑んでしまいました。その5分後には、キツネは相棒の元へと戻っていました。オオカミは洗礼式がものすごい速さで行われたことに、またまた驚きました。

「まったくだよ。あっという間だった」とキツネ。

「それでどうだい、今度の代子の名はいったい何なんだね？」

「半分、と名付けたよ。」

　ふたりは再び共に歩き出しました。500歩先でキツネが突然足を止めるまでは。

「おいらとしたことが、こんなにぼんやりしていたなんて！　また別の洗礼を頼まれていたのを、たった今思い出した。名付け親として、出席しなければ。」そしてオオカミに向かってこう言いました。「待たずに行ってくれ。たいして時間はかからないさ。」

Notes
1. dès que ...　〜するやいなや
2. à tantôt　また後で
3. se soucier de ...　代動 〜を気にかける
4. à vive allure　大急ぎで
5. cachette　女 隠し場所
6. engloutir　他動 むさぼり飲む（食う）
7. se dérouler　代動 繰り広げられる
8. poursuivre　他動 続行する
9. brusquement　副 急に
10. distrait　形 ぼんやりした
11. en tant que ...　〜として、〜の資格で

Alors que le Loup marchait tranquillement, le Renard courut dans la direction opposée pour achever[1] le pot de miel. Voilà maintenant le pot vide ! Encore une fois, cinq minutes suffirent[2] au Renard pour rejoindre le Loup.

— Eh bien, Renard, ton baptême a été encore très bref[3].

— N'est-ce pas ?

— Raconte-moi, comment s'appelle ton autre filleul ?

— Je l'ai baptisé Achevé. Bon, mon ami, je te laisse ici, car j'ai des affaires ailleurs. Ah oui, n'oublie pas de déterrer[4] le pot quand tu reviendras. Adieu !

Fin

ハチミツの洗礼

　オオカミがのんびり歩いている間、キツネはハチミツの壺を平らげるために、正反対の方向へ走って行きました。これでもう壺の中は空っぽです！ 5分後には、またしてもキツネはオオカミにゆうゆう追いつきました。
「おやまあ、キツネ殿、これまた速やかな洗礼式だったんだね。」
「だろう？」
「聞かせておくれ。今度の代子はなんというんだね？」
「完結、と名付けた。さて、友よ、ここで失礼させてもらうよ。ほかに用事があってね。あ、そうだ、帰りに壺を掘り起こすのをくれぐれも忘れないように。さようなら！」

おしまい

解説　洗礼式とは、キリスト教徒になるための入信の儀式のことを指します。この物語でキツネは、受洗者(代子)の保証人であり、洗礼式で代子に洗礼名(クリスチャンネーム)をつける役割を任されていることになっています。キツネはでたらめな名前を洗礼名として挙げていますが、実際は聖人や天使の名をとることが多いです。洗礼式は、通常1時間はかかるので、キツネがわずか5分で用事を済ませてしまうのは現実離れしていますね。

Notes
1. **achever** 他動 終える
2. **suffire** 自動 足りる
3. **bref** 形 手短な
4. **déterrer** 他動 掘り出す

Le Petit garçon de neige
recueilli par Henry Carnoy

Il était une fois un couple de paysans qui souhaitait ardemment[1] avoir un enfant. Si seulement vous saviez à quel point[2] ! Ils avaient fait des pèlerinages[3] à toutes les églises et à tous les saints du Limousin, mais sans succès. Les années passèrent et finalement ils atteignirent[4] l'âge où ils ne pouvaient plus avoir d'enfant.

Un jour d'hiver où la neige tombait à gros flocons[5], alors que le paysan était sorti fumer sa pipe chez un voisin, des enfants du village roulaient[6] de gros blocs de neige pour en faire des bonshommes de neige[7]. Une idée vint à l'esprit du paysan et celui-ci appela aussitôt sa femme :

— Regarde ! Et si nous ramassions[8] de la neige comme ces enfants ? Même si nous ne pouvons pas avoir d'enfant, nous pourrions quand même[9] faire un petit garçon de neige et le conserver pendant quelques jours.

たとえわずかな間であっても子どもが欲しいと、夫婦は雪で男の子を作ります。命を得た子どもは元気に毎日を過ごします。暖かい季節が訪れるまでは…。レイモンド・ブリッグズ作の絵本『スノーマン』を連想させる、中南部リムーザン地方に伝わる民話です。

雪の男の子

アンリ・カルノワによる記録

　むかしあるところに、子どもをとても欲しがっている農家の夫婦がいました。ふたりが、どんなに子どもを願っていたことか！ リムーザン地方のありとあらゆる教会や聖人に願をかけましたが、その望みが叶うことはありませんでした。そうこうしているうちに時がたち、ふたりはとうとう子どもを授かることが叶わない年齢になってしまいました。

　ぼたん雪が降るある冬の日のことです。農夫が近所の家へパイプを持って一服しに出かけると、村の子どもたちは大きな雪の塊を転がして雪だるまを作っていました。それを見て農夫はある考えを思いつき、妻を呼びました。
「見てごらん！ わしらもあの子たちのように雪だるまを作ってみたらどうだろう？ 子どもができなくても雪でなら作れるし、数日間はもってくれるだろう。」

Notes

1. ardemment　副 熱烈に
2. à quel point　どれほど
3. pèlerinage　男 巡礼
4. atteindre　他動 達する
5. flocon　男 雪の小片
6. rouler　他動 転がす
7. bonhomme de neige　男 雪だるま
8. ramasser　他動 寄せ集める
9. quand même　それでも

III

Le vieux paysan et sa femme commencèrent donc à faire un amas[1] de neige. Avec toute leur attention, ils le façonnèrent[2] soigneusement[3] en forme de petit garçon. Les enfants autour avaient cessé[4] leurs jeux pour les observer curieusement et les voisins qui étaient sortis de leur maison se demandaient s'ils avaient perdu la tête.

Mais quand le vieux couple acheva son ouvrage[5], les enfants ne riaient plus et admiraient plutôt le magnifique résultat : quel charmant petit garçon de neige ! Les voisins étaient stupéfaits[6] de voir le garçon bouger les bras et les jambes et embrasser les deux vieillards. C'était sans doute le bon Dieu qui avait exaucé[7] le souhait du vieux couple.

Tout le village était émerveillé[8] de la naissance extraordinaire du petit garçon et tout le monde reconnaissait[9] qu'il avait une douceur[10] sans égale. Toutefois, on disait aussi que son corps n'avait pas de sang[11], qu'il était froid comme de la glace et qu'il ne pouvait pas s'approcher de la chaleur du foyer[12].

雪の男の子

　こうして年老いた農夫とその妻は、雪を次々と重ねていきました。ふたりは細心の注意をはらって、雪で小さな男の子を丁寧に丁寧にかたどっていきました。周りにいた子どもたちは遊びを中断し、物珍しげにふたりを眺め、家々から出てきた隣人たちはこの老夫婦がおかしくなってしまったのではないかと疑いながら見ていました。

　ところがふたりが雪だるまを作り終えると、子どもたちはからかうのをやめ、かわりにそのすばらしい出来栄えに息をのみました。なんてすてきな雪の男の子でしょう！　近所の人々も男の子が手足を動かしたり、ふたりの老人にキスをするのを見てぼう然としていました。これはきっと神さまがこの老夫婦の願いを叶えてくれたのに違いありません。

　男の子の驚くべき誕生に村中が感嘆し、その子のこの上なく穏やかな性格をだれもが認めました。ただ、血が通っていない男の子の体は氷のように冷たく、温かい暖炉に近づくことができないとも噂されていました。

Notes
1. amas 男 集積
2. façonner 他動 (文)作り上げる
3. soigneusement 副 丁寧に
4. cesser 他動 やめる
5. ouvrage 男 作品、制作物
6. stupéfait 形 びっくり仰天した
7. exaucer 他動 (願いを)叶える
8. émerveillé 形 感嘆した
9. reconnaître 他動 認める
10. douceur 女 穏やかさ、優しさ
11. sang 男 血
12. foyer 男 暖炉、炉の火

Pendant tout l'hiver, dans le froid, le petit garçon de neige resta joyeux et en bonne forme. Mais, au fur et à mesure[1] que le printemps s'approchait et que la température montait, le visage de l'enfant s'assombrissait[2] et il riait de moins en moins. Vers la fin de la saison froide, il allait dans les bois pour trouver des endroits ombragés, à l'abri de[3] la chaleur. De jour en jour, sa tristesse augmentait[4] et il pleurait presque toujours. Ses vieux parents et les villageois s'attristaient[5] également de le voir dans cet état[6].

Au mois de juin, au village, on se prépara pour célébrer la fête de la Saint-Jean[7]. Selon la coutume[8], les enfants rassemblèrent du bois et de la paille[9], firent un grand feu en l'honneur de[10] la naissance de saint Jean et se mirent à[11] danser joyeusement autour. Le petit garçon de neige n'était cependant pas parmi eux. Ses amis partirent alors à sa recherche et après l'avoir trouvé, ils l'invitèrent dans leur ronde autour du foyer. L'enfant dansa avec beaucoup de plaisir avec ses camarades.

雪の男の子

　寒い冬の間は、雪の男の子は陽気に元気よく過ごしていました。しかし、春が近づき気温が上がるにつれ、その表情は暗くなり、笑顔も少なくなっていきました。寒い季節が終わるころ、男の子は暖気を避けるため木陰になっている場所を探しに森へ行くようになりました。男の子の悲しみは日に日に増していき、ほとんど毎日泣いていました。その様子を見て、年老いた両親も村人たちも悲しみました。

　６月になると、村では聖ヨハネの火祭りを祝う準備に取りかかりました。慣習にならって、子どもたちは薪や藁を集め、聖ヨハネの生誕を祝うため焚火をおこし、その周りを愉快に踊りだしました。しかしそこには雪の男の子の姿はありませんでした。友人たちは、男の子を探しに出かけ、やがて見つけると焚火を取り囲む踊りの輪に誘いました。男の子は、仲間たちと一緒に大いに楽しみながら踊りました。

Notes
1. au fur et à mesure que ...　〜につれてしだいに
2. s'assombrir　代動 暗くなる
3. à l'abri de ...　〜を避けて
4. augmenter　自動 増える
5. s'attrister de ...　代動 〜を悲しむ
6. état　男（心身の）状態
7. fête de la Saint-Jean　女 夏至に行われる聖ヨハネの火祭り
8. coutume　女 慣習
9. paille　女 藁
10. en l'honneur de ...　〜に祝意を表して
11. se mettre à ...　代動 〜をし始める

115

Lorsque le feu devint à moitié[1] éteint[2], on se mit à sauter par-dessus le foyer selon la tradition. Mais, quand vint le tour du petit garçon de neige, à cause de[3] la chaleur de la flamme, celui-ci disparut[4] soudainement en ne laissant qu'un peu d'eau dans la main de ses petits camarades.

Fin

雪の男の子

やがて焚火がほとんど消えかかると、習わしどおりその上を跳ぶことになりました。しかし、雪の男の子の番がまわってくると、炎の熱でその姿は一瞬にして消えてしまいました。子どもたちの掌にほんの少しの水だけを残して。

おしまい

解説　夏至に行われる聖ヨハネの火祭りは、健康と幸せを祈る伝統的な祭りです。無病息災を願って子どもたちが祝火を焚き、その周りを踊ったり、残り火の上を跳んだりするのが習わしとなっています。
この民話が伝わるリムーザンには、陶磁器の産地として有名なリモージュの町があります。透き通るように白く、きめ細かい肌が特徴のリモージュ焼きですが、その繊細さは真っ白でデリケートな雪の男の子とどこか重なります。

Notes
1. à moitié　半ば、ほとんど
2. éteint　形（火が）消えた
3. à cause de …　〜のために
4. disparaître　自動 消滅する

La Petite fille dans un puits

recueilli par Paul Sébillot

Oudelette était une petite fille qui habitait au fond d'un puits[1]. Pieuse[2], elle n'oubliait jamais de faire sa prière[3] quotidienne[4]. Un jour, elle vit le bon Dieu et le salua respectueusement :

— Bonjour, Seigneur[5].

— Bonjour, Oudelette, salua le Seigneur à son tour. Comment vas-tu ?

— Je vais bien, Seigneur, et vous ?

— Est-ce que tu es satisfaite dans ton puits, mon enfant ?

— Oui, Seigneur, mais...

— Mais, quoi donc ?

— Je serais plus contente si j'avais une jolie petite maison.

— Sois bien bonne et tu en auras une.

Le soir arriva et Oudelette se coucha comme d'habitude dans le puits.

日々のお祈りを欠かさないウードレットは、神さまから「いい子でいたら、欲しい物が手に入るよ」というお告げを受けます。お祈りするたび神さまは現れ、その願いは次々に叶いますが、ずっといい子のままでいられるでしょうか。ブルターニュ地方に伝わる民話です。

井戸の中の女の子
ポール・セビヨによる記録

　井戸の底に住む女の子ウードレットは、毎日のお祈りを欠かさない信仰の篤い娘でした。ある日、女の子は神さまの姿を見て、うやうやしく挨拶をしました。

「おはようございます、神さま。」

「おはよう、ウードレット」神さまが挨拶を返しました。「ご機嫌いかがかね？」

「はい、元気です。神さまは、いかがですか？」

「わが子よ、その井戸の中で満足しているのかね？」

「ええ、神さま、でも…。」

「でも、なんだね？」

「すてきな小さなお家(うち)があったらもっといいのですが。」

「いい子でいなさい。そうすれば望みは叶うだろう。」

　夜になると、ウードレットはふだんどおり井戸の中で眠りにつきました。

Notes
1. puits 男 井戸
2. pieux 形 信仰の篤い
3. prière 女 祈り
4. quotidien 形 毎日の
5. Seigneur 男・単 (キリスト教の)神

Lorsqu'elle se réveilla le lendemain, elle n'en croyait pas ses yeux. Elle ne se trouvait plus dans un trou[1] sombre, mais dans une belle chambre confortable. De la fenêtre, elle pouvait voir un joli jardin dans lequel se trouvaient des poules. En plus, un coq lui annonçait le matin en chantant son cocorico.

Puis, Oudelette fit sa prière de tous les jours et vit de nouveau[2] le Seigneur :

— Bonjour, Seigneur.

— Bonjour, Oudelette. Es-tu contente de ce que je t'ai donné ?

— Oui, Seigneur, mais...

— Mais quoi donc ?

— Je serais ravie si j'avais une vache qui me donnerait du lait et du beurre.

— Eh bien, si tu restes bonne, tu en auras une.

Le lendemain matin, après s'être réveillée dans sa nouvelle chambre, Oudelette aperçut[3] de sa fenêtre une superbe vache dont la robe[4] était rouge et blanc. Elle sautait de joie tellement elle était contente de cette surprise. Bien qu'excitée, la petite fille ne manqua[5] pas de faire sa prière habituelle :

— Bonjour, Seigneur.

井戸の中の女の子

　翌日目覚めて我が目を疑いました。女の子はもう薄暗い穴の中ではなく、きれいな心地よい部屋にいたのです。窓からはすてきな庭が見え、そこには雌鶏が何羽かいました。雄鶏がコケコッコーと朝の挨拶もしてくれています。

　それからもウードレットは、毎日のようにお祈りをし、再び神さまに会いました。

「おはようございます、神さま。」

「おはよう、ウードレット。与えたものは気に入ったかな？」

「ええ、神さま、でも…。」

「でも、なんだね？」

「牛乳とバターがとれる雌牛がいたら、もっとうれしいのですが。」

「そうかい。いい子でいたら、手に入るよ。」

　翌朝、ウードレットが新しい部屋で目を覚ますと、毛色が赤褐色と白の立派な雌牛が窓から見えました。この思いがけない贈り物に、女の子は飛び跳ねるほど喜びました。興奮していても、日課であるお祈りは忘れませんでした。

「おはようございます、神さま。」

Notes
1. trou　男 穴
2. de nouveau　再び
3. apercevoir　他動 見かける
4. robe　女（動物の）毛色
5. ne pas manquer de + *inf.*　必ず〜する

— Bonjour, Oudelette. La vache t'a plu[1] ?

— Oui, Seigneur, mais...

— Mais quoi donc ?

— Je serais encore plus ravie si j'avais une robe de la même couleur que la vache.

— Sois bonne et tu auras ce que tu voudras.

Après s'être réveillée le matin suivant, Oudelette découvrit à côté de son lit la robe qu'elle avait désirée. Comme c'était dimanche, le jour où elle devait se rendre[2] à la messe, elle imaginait déjà la réaction des gens qu'elle rencontrerait à l'église.

— Quand on me verra dans cette tenue[3], tout le monde me dira : « Oudelette, que tu es belle ! »

À ces pensées remplies d'orgueil[4], la petite fille devint toute joyeuse. Puis elle se mit à faire sa prière comme chaque jour.

— Bonjour, Seigneur.

— Bonjour, Oudelette. Es-tu satisfaite de ton présent[5] ?

— Oui, Seigneur, mais...

— Mais quoi donc ?

— Je serais tellement heureuse si j'avais un charmant petit mari.

— Reste bonne, et tu trouveras ton mari.

井戸の中の女の子

「おはよう、ウードレット。雌牛は気に入ったかな?」
「ええ、神さま、でも…。」
「でも、なんだね?」
「もし、あの雌牛と同じ色の服があったらもっともっとうれしいのですが。」
「いい子でいれば、欲しい物が手に入るよ。」

翌朝目を覚ますと、ウードレットはベッドの横に望んでいた服があるのを見つけました。その日はミサに行く日曜日だったので、教会で顔を合わせる人々の反応をさっそく想像しました。
「この格好を見たら、みんなは『なんてきれいなの、ウードレット!』と言うに違いないわ。」

思い上がった女の子は、すっかりいい気分になっていました。そして、いつものようにお祈りを始めました。
「おはようございます、神さま。」
「おはよう、ウードレット。贈り物に満足しているかな?」
「ええ、神さま、でも…。」
「でも、なんだね?」
「すてきな旦那さまがいたら、どんなに幸せでしょう。」
「いい子のままでいなさい。そうすれば相手が見つかるだろう。」

Notes
1. plaire (à) 間他動 (の・に) 気に入る
2. se rendre 代動 行く
3. tenue 女 服装
4. orgueil 男 思い上がり
5. présent 男 プレゼント

La nuit tombée, Oudelette dormait sur ses deux oreilles ; soudain elle entendit frapper[1] à sa porte. Toc, toc. Qui pouvait donc se présenter à une heure pareille[2] ? Elle revêtit sa belle robe et alla ouvrir la porte. Elle resta stupéfaite de voir le maire[3] de la commune[4] accompagné d'un jeune homme. En fait, celui-ci était venu lui demander sa main[5]. La surprise et le bonheur d'Oudelette étaient tels qu'elle oublia complètement de faire sa prière.

Que se passa-t-il alors ?

Lorsqu'elle se réveilla le lendemain, la petite fille ne se trouvait ni dans son lit ni dans sa belle chambre, mais dans son ancien puits. Les poules et le coq avaient disparu. Plus de trace de la magnifique vache non plus. Sans parler de son bel habit et du joli petit mari qui s'étaient évanouis[6], comme dans un rêve.

Fin

夜になりウードレットはぐっすり眠っていました。が突然、誰かが戸を叩く音で目を覚ましました。トン、トン。こんな時間にいったい誰でしょう？ ウードレットは晴れ着をまとい、戸を開けにいきました。村長とその隣にひとりの青年がいるのを見て、びっくり仰天しました。実はこの若い男は、ウードレットとの結婚を申し込みにやってきたのでした。驚きとうれしさのあまり、ウードレットはお祈りをするのをすっかり忘れてしまいました。

するとどうでしょう？

翌日目を覚ますと、女の子はベッドでもきれいな部屋でもなく、もともと住んでいた井戸の中にいました。雌鶏や雄鶏は消え、美しい雌牛の姿もなくなっていました。言うまでもなく、晴れ着もすてきな旦那さんもまるで夢のように消え去っていました。

おしまい

解説　Puits（井戸）はもともとラテン語の puteus（穴）が、puiz（泉・水源）に転訛したものです。同じ貯水の役割をする井戸と泉ですが、フランスでは井戸をモチーフにした民話は、泉に比べ珍しいようです。この物語を採取した民俗学者セビヨは、自然に湧き出る泉に対して、人工的な井戸は神秘性に欠け、人々の想像力を刺激する要素に乏しいからではないかと分析しています。

Notes
1. frapper 他動 叩く
2. pareil 形 このような
3. maire 男 村(区、町、市)長
4. commune 女 コミューン（フランスの最小行政区）
5. demander la main de ... ～に結婚を申し込む
6. évanoui 形 消え去った

Le Lièvre du pont du Gard

recueilli par Frédéric Mistral

Avec ses trois rangées[1] d'arcades empilées[2] les unes sur les autres, le pont du Gard est considéré comme l'un des plus beaux ouvrages[3] du monde. Pourtant on dit que ce chef-d'œuvre[4] a été construit en une seule nuit, par le diable...

Connaissez-vous les rivières rapides et dangereuses de France ? La rivière du Gardon en est une et les gens l'ont longtemps traversée à pied en courant des risques[5]. La traversée était tellement difficile qu'un jour les riverains[6] décidèrent de bâtir[7] un pont. Jour après jour, sueur[8] au front, le maître maçon[9] travaillait dur au chantier[10]. Il avait beau[11] faire des efforts, aussitôt qu'il jetait les arcades sur la rivière... Patatras ! Une énorme crue[12] du Gardon venait démolir[13] l'ouvrage et le pont se retrouvait à l'eau.

橋の工事が思うように進まない石工の親方は、悪魔サタンとある契約をします。橋の建設と引き換えに、悪魔が得たものとは…。これは、悪魔によって一夜で建てられたと言われている、南フランスの名橋にまつわる伝説です。

ガール橋の野ウサギ

フレデリック・ミストラルによる記録

　積み重なった3層のアーチを持つガール橋は、世界で最も美しい建造物のひとつとされています。しかし、この美の傑作はたった一晩のうちに悪魔によって建てられたのだそうです…。

　水の勢いが強く危険なフランスの川をご存じでしょうか？ ガルドン川はそのうちのひとつで、長い間人々は危険を冒して歩いて渡っていました。通行があまりにも困難だったので、沿岸の住民たちはついに橋を架けることを決めました。来る日も来る日も、工事現場では額に汗して石工の親方が懸命に働いていました。しかしどんなに努力しても、いざ川にアーチを建てる段になると…ガラガラガラ！ ガルドン川のすさまじい増水によって、造り上げたものは崩れ落ち、橋は水の泡となってしまうのでした。

Notes

1. rangée 女 列
2. empilé 形 積み上げられた
3. ouvrage 男 作品、制作物
4. chef-d'œuvre 男 傑作
5. courir des risques 危険を冒す
6. riverain 名 川岸の住民
7. bâtir 他動 建設する
8. sueur 女 汗
9. maître maçon 男 石工の親方
10. chantier 男 工事現場
11. avoir beau + *inf.* ～だけれども
12. crue 女 増水
13. démolir 他動 ばらばらにする

Un soir, alors que son pont avait été encore une fois détruit par la rage du Gardon, le maître maçon regardait les ravages[1] d'un air affligé. De la rive[2], il s'écria désespérément :

— Trois fois ! Cela fait déjà trois fois que je recommence du début. Si c'est ainsi, je préfère me vendre au diable !

Aussitôt[3] ces mots prononcés, pan ! Le diable apparut.

— Si tu le souhaites, je le bâtirai, moi, ton pont. Crois-moi, tu le verras demain dans la lueur[4] du petit matin. Le pont sera tellement solide que tant que le monde existera, jamais Gardon ne l'emportera.

— Vraiment ? Alors oui, je veux bien. Et combien devrai-je payer en échange de ton service ?

— Ne t'inquiète pas, répondit le diable Satan. Je ne souhaite pas grand-chose : le premier qui passera sur le pont sera pour moi.

— C'est entendu, acquiesça[5] le maître maçon.

Sans perdre de temps, le diable se mit au travail. Il alla à la montagne et, à l'aide de ses griffes[6] et de ses cornes, arracha[7] d'énormes blocs de roches et construisit un pont monumental comme on n'en avait jamais vu.

ガール橋の野ウサギ

　ある晩、またしてもガルドン川の猛威に橋を壊された親方はすっかり気落ちして、がれきを見つめていました。そして川岸から絶望的な思いでこう叫びました。
「3回目だぞ！　はじめからやり直すのはこれでもう3回目だ。こうなったらもう悪魔に身を売ったほうがましだ！」
　そう言い終わるやいなや、ぱっと悪魔が現れました。
「おまえが望むのなら、このおれさまがその橋を建ててやってもいいぜ。任せろ。明日の明け方、まだ辺りが薄暗い時刻にその仕上がりが拝めるさ。この世が存在する限り、ガルドン川に流されることなどありえないってくらい頑丈な橋にしてやる。」
「それは本当かい？　それならどうかよろしく頼むよ。で、その手助けの代償としてなにを差し出せばいいんだ？」
「安心しろ」と悪魔サタンが答えました。「大したものは要らんよ。最初に橋を渡るものの命が欲しい。」
「わかった」と親方は承諾しました。

　すぐさま悪魔は仕事にかかりました。山へ向かい、その爪と角で巨大な岩石をえぐりとり、今まで誰も見たことのないような壮麗な橋を建てました。

Notes
1. ravage　[男] 大損害
2. rive　[女] 川岸
3. aussitôt　[副] すぐに
4. lueur　[女] ほのかな光
5. acquiescer (à)　[間他動] (を) 承諾する、(に) 同意する
6. griffe　[女] 鉤爪
7. arracher　[他動] はぎ取る

Alors que Satan œuvrait[1] avec aisance[2] et agilité[3], le maître maçon se souciait du pacte qu'il avait conclu avec le diable. Il retourna alors chez lui pour raconter son aventure à sa femme.

— Le pont sera enfin fini à l'aube[4]. Mais il faudra qu'un pauvre malheureux sacrifie sa vie pour le diable... Quel malheur ! Qui donc voudra être le condamné ?

— Pauvre andouille[5], il n'y a pas à s'affoler ainsi, lui répondit tranquillement sa femme. Tout à l'heure, un chien a chassé un jeune lièvre[6]. Prends ce levraut[7] qui est encore vivant et il suffira que tu le lâches[8] sur le pont à l'aube.

— Mais oui ! Quelle idée ingénieuse[9] ! se rassura[10] l'homme.

Rapidement, avant que l'angélus[11] ne sonne, le maître maçon prit le levraut et accourut[12] au pont que le diable venait d'édifier[13]. Puis, juste avant les premières sonneries de la cloche, il lança la bête sur le pont. Hop, hop, hop, le jeune lièvre traversa le pont en sautillant[14]. Comme un chasseur à l'affût de[15] sa proie[16], le diable attendait patiemment à l'autre bout du pont en ouvrant grand son sac... Et hop ! Le levraut entra dans le sac.

サタンがすいすいと軽快に仕事をこなしている間、親方はというと、悪魔と交わした契約に頭を抱えていました。そして、妻に事のあらましを話しに家へ帰りました。

「夜明けには橋は完成する。でもそうしたらかわいそうな生贄(いけにえ)をひとり悪魔に捧げなければならない…ああ、なんてこった！一体だれが犠牲になってくれるというんだ？」

「おばかさんだねえ、そんなに慌てることはないよ」と、落ち着きはらった妻は答えました。「さっき、犬が若い野ウサギを仕留めたんだよ。まだ生きているその若い野ウサギを持ってお行き。明け方、橋の上に逃がしてしまえば済む話さ。」

「そうか！それは名案だ！」男は安堵しました。

教会のお告げの鐘が鳴り出す前に、親方は急いで若い野ウサギを持って悪魔が建てたばかりの橋へと駆けつけました。そして、一番初めの鐘の音が鳴り出す直前、野ウサギを橋の上に逃がしました。ピョンピョンピョンと跳ねながら橋を渡る若い野ウサギ。悪魔は、獲物を待ち伏せる狩人のように、橋の向こう側で、袋の口を大きく開けてじっと待っています…ピョン！ついに若い野ウサギは袋の中に入っていきました。

Notes

1. œuvrer　自動(文)働く
2. aisance　女 容易さ
3. agilité　女 軽快さ
4. aube　女 夜明け
5. andouille　女(話)間抜け
6. lièvre　男 野ウサギ
7. levraut　男 若い野ウサギ
8. lâcher　他動 放す
9. ingénieux　形 利発な、巧妙な
10. se rassurer　代動 安心する
11. angélus　男 お告げの鐘
12. accourir　自動 駆けつける
13. édifier　他動 建造する
14. sautiller　自動 ピョンピョン跳ぶ
15. à l'affût de ...　～を待ち伏せる
16. proie　女 獲物、餌食

Mais, quand le diable se rendit compte que son butin[1] n'était qu'un lièvre, il devint rouge de colère. Puis, d'un geste sec, il saisit l'animal et l'écrasa violemment contre le pont.

Ding, dong... À ce moment précis retentit[2] le son de la cloche. C'était l'heure de la prière. Le diable devint furieux. Maintenant que l'angélus sonnait, il ne pouvait plus rien faire. Alors, en vociférant[3] mille injures, il s'engloutit[4] au fond d'un gouffre[5].

Ainsi se termine la légende du lièvre du pont du Gard. Si un jour vous traversez ce pont, soyez attentif à ses arcades... car le lièvre est toujours emprisonné dans une des piles[6] de l'édifice.

Fin

ところが、獲物がただの野ウサギだと気づくと、悪魔は逆上しました。そして、野ウサギを引っつかむと橋に向かって激しく叩きつけました。

カーン、カーン…ちょうどその時、鐘の音が鳴り響きました。神への祈りの時間です。悪魔は怒り狂いました。鐘が鳴ってしまえば、悪魔はどうすることもできません。とうとう、悪魔はありとあらゆる悪口雑言をわめき散らしながら、深い穴の中へと呑み込まれていってしまいました。

これで、ガール橋の野ウサギの伝説はおしまいです。もし、この橋を渡ることがあったら、どうかアーチを注意して見てください…今もまだその橋脚(はしげた)のひとつに野ウサギが閉じ込められていますから。

おしまい

解説 ガール橋は、およそ2000年前に建てられた水道橋です。この伝説に限らず、悪魔が古代の建造物を手掛けたという物語はフランス各地に残されています。人間の手で造られたとは思えないほど大規模で壮麗な古代の遺産は、人々の想像をかき立て、悪魔や想像上の人物によって造られたものと考えられるようになりました。作家ラブレー (François Rabelais) もその一人で、著書『パンタグリュエル』では、ガール橋を巨人の偉業と書き綴っています。

Notes
1. butin 男 獲物
2. retentir 自動 鳴り響く
3. vociférer 他動 わめき散らす
4. s'engloutir 代動 呑み込まれる
5. gouffre 男 深い穴、淵
6. pile 女 橋脚

La Reine des poissons

recueilli par Gérard de Nerval

Aux bords des rivières des bois de la province du Valois, une petite fille et un petit garçon se rencontraient de temps en temps[1].

La fille était envoyée par ses parents pour attraper des anguilles[2]. Très compatissante[3], elle ne supportait pas de voir les poissons s'agiter[4] douloureusement lorsqu'elle les tirait de l'eau. Elle relâchait[5] donc tout ce qu'elle avait capturé dans la rivière et rentrait les mains vides. Quant au garçon, il était forcé[6] par son oncle bûcheron[7] d'aller ramasser[8] du bois. Mais en rapportant les fagots[9] de menues[10] branches mortes, il recevait à chaque fois les reproches[11] de son oncle Tord-Chêne.

Tant[12] pour le petit garçon que pour la petite fille, ces rencontres dans le bois étaient de grands moments de plaisir. Toutefois, il y avait un certain jour dans la semaine, où les deux enfants ne se rencontraient jamais...

木々の悲痛な声に心を痛める木こりの男の子と、魚たちの悲しい歌に耳を傾ける魚捕りの女の子。心優しいふたりは、森でたびたび顔を合わせていました。週に一度だけ、ある日を除いては…。
これは、北部ヴァロワ地方の豊かな自然を謳う民話です。

魚の女王

ジェラール・ド・ネルヴァルによる記録

　ヴァロワ地方の森を流れる川のほとりで、ある女の子と男の子が時折会っていました。
　女の子は両親の言いつけでウナギ捕りに行くことが日課でした。たいへん思いやり深い女の子は、魚を水から引き上げるとき、魚が苦しそうに身をくねらせているのを見ていられませんでした。そのため、捕ったものはすべて川に返し、なにも捕らないまま家に帰るのでした。男の子はというと、木こりのおじの命令で薪を拾いに行かなければなりませんでしたが、ひょろひょろのか細い枯れ枝の束を持って帰るたびに、おじのトール＝シェーヌ（樫曲げ）に叱られていたのでした。
　森の中で出会えることは、男の子にとっても、女の子にとっても、この上ない喜びでした。そんなふたりでも週に一度だけは、けっして顔を合わせない日がありました…。

Notes
1. de temps en temps　時々
2. anguille　女 ウナギ
3. compatissant　形 思いやりのある
4. s'agiter　代動 じたばたする
5. relâcher　他動 解放する
6. forcé de + *inf.*　〜を強いられた
7. bûcheron　男 木こり
8. ramasser　他動 拾い集める
9. fagot　男 束
10. menu　形 か細い
11. reproche　男 叱責
12. tant pour A que pour B
　AのためにもBのためにも

Le lendemain d'un de ces jours-là, le petit bûcheron dit à la petite pêcheuse[1] :

— Hier, j'ai rêvé de toi dans la rivière avec tous les poissons qui te faisaient un cortège[2]. Tu étais un beau poisson rouge avec des écailles[3] d'or.

— Oui, acquiesça[4] la petite fille, je t'ai vu aussi dans le même rêve. Au bord de l'eau, tu ressemblais à un beau chêne[5] vert. Les branches du haut étaient en or comme si tu portais une couronne[6]. Tous les arbres de la forêt te saluaient en se courbant[7] jusqu'à terre. Mais comment pouvions-nous nous rencontrer tous les deux dans un même rêve ?

Juste à ce moment, la discussion fut interrompue[8] par l'apparition de Tord-Chêne, enivré[9]. Vlan ! L'homme frappa le petit garçon d'un gros coup de massue[10].

— Dis donc, et ton travail ? Aujourd'hui, tu ne devais pas tordre de jeunes branches souples[11]?

— Quand j'ai voulu le faire, j'entendais l'arbre qui se plaignait[12]. Je ne voulais pas lui faire du mal, expliqua le petit garçon.

魚の女王

　その特別な日の翌日のことです。木こりの男の子は魚捕りの女の子にこう言いました。

「昨日、川の中で魚の行列を引き連れたきみの姿を夢で見たよ。きみは、金のうろこをした美しい金魚だったんだ。」

「ええ」女の子はうなずきました。「同じ夢の中でわたしもあなたを見かけたわ。川のほとりで、あなたは青々とした美しい樫の木のようだった。その天辺の枝は黄金で、まるで冠をかぶっているかのようだったわ。森じゅうの木々が地面に身をかがめてあなたにお辞儀をしていたのよ。でも、一体どうして同じ夢の中でわたしたち二人が出会えたのかしら？」

　ちょうどその時、酒に酔ったトール＝シェーヌが現れて会話は中断されました。バシン！ トール＝シェーヌは男の子を棍棒で激しく殴ってきたのです。

「おい、なにをさぼっている！ 今日は、若いしなやかな枝を折ってくるんじゃなかったのか？」

「折ろうとしたら、木のうめき声が聞こえたんだよ。そんな木をぼくは、苦しめたくなかったんだ」と男の子は理由(わけ)を話しました。

Notes

1. pêcheuse 女 漁師・魚捕りの女
2. cortège 男 (祭儀の)行列
3. écaille 女 うろこ
4. acquiescer (à) 間他動 (を)承諾する、(に)同意する
5. chêne 男 樫の木
6. couronne 女 冠
7. se courber 代動 かがむ
8. interrompu 形 中断された
9. enivré 形 酔った
10. massue 女 棍棒
11. souple 形 しなやかな
12. se plaindre 代動 苦痛を訴える

— C'est comme moi avec les poissons, intervint[1] la petite fille. Quand j'en emporte dans mon panier, ils commencent à chanter si tristement que je finis par les rendre à la rivière. C'est pour cela qu'à la maison, on me bat[2].

— Tais-toi[3] et laisse mon neveu faire son travail ! râla Tord-Chêne. Hé, hé, je sais bien que tu es la reine des poissons. Gare à[4] toi, car je te capturerai le jour où tu te transformeras en poisson !

Les menaces[5] de Tord-Chêne furent accomplies aussitôt. Le jour de la semaine où la petite fille devint un poisson, celle-ci fut prise au piège[6] que Tord-Chêne avait tendu[7] dans la rivière. Le bûcheron ordonna à son neveu de l'aider à retirer le piège de l'eau, mais le petit garçon reconnut tout de suite le beau poisson rouge. Alors, pour laisser échapper celui-ci, le garçon donna de gros coups de soulier à son oncle. Ceci rendit Tord-Chêne furieux. Il attrapa l'enfant par les cheveux pour le renverser[8]. Cependant, ce dernier gardait ses pieds à terre avec une force surprenante[9]. C'était comme si ses pieds étaient enracinés[10]. Effectivement, le petit garçon avait pris l'apparence du grand chêne, le roi des forêts.

魚の女王

「わたしが魚を捕るときと同じだわ」女の子が話に割って入りました。「籠の中に入れて持って帰ろうとすると、魚たちがあまりにも悲しそうに歌い出すので、結局川に戻すんです。だから家ではお叱りを受けてしまいます。」

「おまえは黙っていろ。甥の仕事の邪魔をするな！」と、トール＝シェーヌが怒鳴りつけました。「へっへっ、おまえが魚の女王だということは知っているんだぞ。覚悟しろ、おまえが魚に変身する日を狙って取っ捕まえてやるからな！」

トール＝シェーヌは、脅しをさっそく実行に移しました。そして1週間に一度の特別な日、魚に姿を変えた女の子は、トール＝シェーヌが川の中に仕掛けた罠に引っ掛かってしまいました。トール＝シェーヌは罠の引き上げを手伝うよう甥をけしかけましたが、男の子はすぐに美しい金魚に気づいたので、魚を逃がすためおじを強く蹴りつけました。カッとなったトール＝シェーヌは、男の子の髪の毛をつかんで投げ倒そうとしました。ところが、その両足は驚くべき力で地面にくっついて離れません。まるで根が生えたかのようにぴくりとも動かないのです。よく見ると男の子は、あの立派な樫の木、すなわち森の王さまに姿を変えていました。

Notes
1. intervenir　自動（討論などに）参加する
2. battre　他動　殴る
3. se taire　代動　黙る
4. gare à ...　～に気をつけろ
5. menace　女　脅迫
6. piège　男　罠
7. tendre　他動（罠を）仕掛ける
8. renverser　他動　ひっくり返す
9. surprenant　形　驚くべき
10. enraciné　形　根を張った

Les arbres de la forêt commencèrent à s'agiter pour défendre leur jeune roi : ils laissèrent siffler[1] le vent qui provoqua[2] une tempête qui se déchaîna[3] sur Tord-Chêne. Dépité[4] et sans défense, celui-ci se retira[5] dans sa cabane. Mais, il réapparut bientôt, l'air[6] menaçant, avec une hache[7] dans sa main. Cette fois-ci, il était même suivi de ses amis bûcherons.

— Allons-y !

Plusieurs arbres tombèrent sous les violents coups de hache des bûcherons. Leur rage allait détruire la forêt.

« Il faut faire quelque chose », se dit la reine des poissons. Alors, en toute vitesse, elle se rendit chez les trois grandes rivières voisines, la Marne, l'Oise et l'Aisne pour donner l'alerte[8].

— Si l'on n'arrête pas Tord-Chêne et ses hommes, la nature ne sera plus ce qu'elle était. Les forêts n'auront plus suffisamment[9] d'arbres pour arrêter les vapeurs[10] qui produisent les pluies. Il n'y aura alors plus assez de pluie pour que l'eau coule dans les ruisseaux[11], les rivières et les étangs[12]. Et si les sources s'assèchent[13], non seulement les poissons, mais les bêtes sauvages et les oiseaux ne pourront plus vivre longtemps...

魚の女王

　やがて、森の木々もこの若き王さまを守るため、騒ぎ出しました。びゅうびゅうと風を吹かせると、風は嵐となり、トール＝シェーヌに襲いかかりました。縮こまったトール＝シェーヌは、しぶしぶ自分の小屋に引き上げました。が、まもなく斧を手に恐ろしい形相で再び現れました。今度は、数人の木こり仲間まで連れてきました。

　「行くぞ！」

　男たちが斧を乱暴に振り回すと、木々が次々となぎ倒されました。彼らの激しい怒りで森は破壊されようとしていました。

　「なんとかしなければ」と魚の女王は考えを巡らせました。そして、近隣の3つの大きな川である、マルヌ川、オワーズ川とエヌ川のもとへ危険を知らせに大急ぎで向かいました。

　「トール＝シェーヌとその仲間たちを止めなければ、この自然がすっかり変わってしまいます。森の木々が少なくなったら、雨を降らす水蒸気は上空にとどまることができなくなるでしょう。そうなったら、小川や川や池に流れる雨水もなくなってしまいます。泉がからからに干乾びてしまうと魚たちだけでなく、獣たちも、鳥たちもそう長くは生きられなくなるでしょう…。」

Notes
1. siffler　自動 （風が）びゅうびゅう吹く
2. provoquer　他動 引き起こす
3. se déchaîner　代動 （嵐が）荒れ狂う
4. dépité　形 悔しそうな
5. se retirer　代動 引き下がる
6. air　男 様子
7. hache　女 斧
8. donner l'alerte　警報を発する
9. suffisamment　副 十分に
10. vapeur　女 蒸気
11. ruisseau　男 小川
12. étang　男 池
13. s'assécher　代動 乾く

L'heure était grave. Tout de suite, les trois grandes rivières joignirent leurs forces[1] pour provoquer une immense inondation[2] qui emporta Tord-Chêne et ses terribles bûcherons.

Ainsi, le petit garçon et la petite fille purent de nouveau se rencontrer en paix dans les bois. Dorénavant[3], ils n'étaient ni bûcheron ni pêcheuse, mais un Sylphe[4] et une Ondine[5]. Plus tard, ils furent unis et vécurent heureux ensemble.

Fin

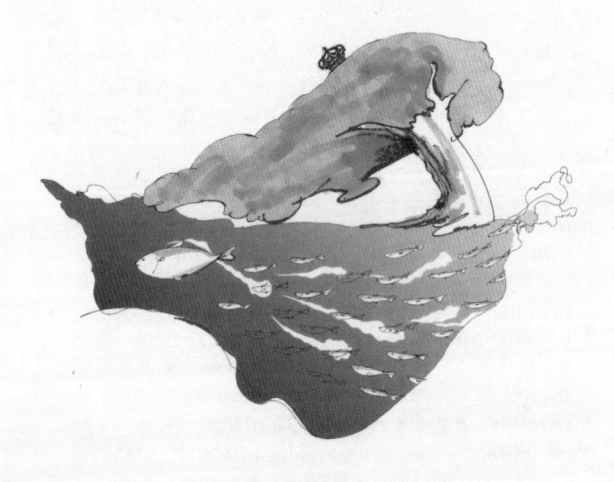

魚の女王

　これは深刻な事態です。すぐさま3つの大きな川たちは力を合わせて大洪水を引き起こし、トール＝シェーヌと恐ろしい木こりたちを呑み込んでいきました。

　こうして、男の子と女の子は安心して森の中での再会を果たすことができました。ふたりはもう木こりと魚捕りではなくなり、空気の精シルフと水の精オンディーヌとなりました。やがてふたりは結ばれ、共にしあわせに暮らしました。

おしまい

解説　ヴァロワ地方は、ロマン主義の詩人ネルヴァルが少年時代を過ごした思い出の場所として、作品の中でたびたび回想されています。ふるさとの自然がもつ美しい純朴さを称賛するネルヴァルは、このシルフとオンディーヌの変身譚(たん)を次のように結んでいます。「ヴァロワ地方がもつ詩的な情景なしでは、ぼくにはこの物語を満足にお伝えすることはとうていできません。そこに暮らす職人たち、川を下る船乗りたち、酒飲みたち、洗濯物や刈り草を乾かす女たちが、先人たちの昔話を美しく詠い継いできたように。」(筆者による抄訳)

Notes
1. joindre les forces　力を合わせる
2. inondation　女 洪水
3. dorénavant　副 これからは
4. Sylphe　男（神話）空気の精
5. Ondine　女（神話）水の精

滝田 りら (たきた・りら)

東京生まれ。2005年フランス国立リール第3大学造形芸術修士号取得。2014年ケベック大学モントリオール校美術史修士号取得。美術関係の仕事、翻訳・通訳のほか、イラストやナレーションも手がける。著書に『フランス語で読む5つの物語〜美女と野獣・青ひげ 他〜』(小社刊)がある。

フランス語で読む12のおとぎ話
〜眠れる森の美女・雪の男の子 他〜

2015年 3月20日　第1刷発行
2024年 9月25日　第4刷発行

著者	滝田りら
	©2015 Lila Takita
発行者	江口貴之
発行所	NHK出版
	〒150-0042　東京都渋谷区宇田川町10-3
	電話　0570-009-321　(問い合わせ)
	0570-000-321　(注文)
	ホームページ　https://www.nhk-book.co.jp

印刷	大熊整美堂
製本	二葉製本

乱丁・落丁本はお取り替えいたします。
定価はカバーに表示してあります。
本書の無断複写(コピー、スキャン、デジタル化など)は
著作権法上の例外を除き、著作権侵害となります。

Printed in Japan
ISBN 978-4-14-035134-5 C0085